Espejo
de España
HOY

Ya no es ayer; mañana no ha llegado.
QUEVEDO

ESPEJO DE ESPAÑA HOY nace con el propósito de ayudar a esclarecer los hechos históricos de todo orden que configuran los últimos años de la vida española, desde la muerte de Franco y el advenimiento de la democracia hasta nuestros días. Ésta será, pues, una serie especialmente atenta a las circunstancias, personajes y sucesos de la hora actual, con el deseo de recoger la palpitación de la vida española en sus diversas manifestaciones, con ánimo testimonial y con objetividad, aunando la actualidad del trabajo periodístico con el rigor profesional de quienes son así cronistas e historiadores del presente, de la historia última que todos estamos viviendo.

# EL HUERTO DEL ASISTENTE

Ignacio Camacho

# EL HUERTO DEL ASISTENTE

Planeta

ESPEJO DE ESPAÑA HOY
Dirección: Rafael Borràs Betriu
Consejo de Redacción: María Teresa Arbó, Antonio Padilla, Marcel Plans y Carlos Pujol


Córcega, 273-279, 08008 Barcelona
Ilustración al cuidado de Ester Berenguer
Diseño colección y cubierta de Hans Romberg (ilustración de Ricardo Martínez)

Procedencia de las ilustraciones: Abilio Lope, Alfa-Omega, Archivo Editorial Planeta, Cambio 16, Carlos de Andrés/Cover, Carlos Ortega, Carmen García Benavides/Época, Cover, EFE, Elio Bugallo/Cambio 16, Época, Europa Press, Fernando Romero/Cover, Gallego y Rey, Gilberto Villamil/Cambio 16, J. Ferreras/Tribuna, Juan C. Cazalla/Diario 16, L. M. González, M. Ribera/Tribuna, Navia/Cover, Olympia, Pablo Juliá, Paco Junquera/Cover, Paco Cazalla, Quim Llenas/Cover, Rafa Samano/Cover, Rafael Deben/Tiempo, Ricardo Martín/Tiempo, Tejederas/El País, Tiempo

Primera edición: junio de 1990
Segunda edición: julio de 1990
Depósito Legal: B. 29.802-1990
ISBN 84-320-7661-9
Printed in Spain / Impreso en España
Talleres Gráficos «Duplex, S. A.», Ciudad de Asunción, 26-D, 08030 Barcelona

# Índice

perdedor de la historia. Teoría suavizadora del pícaro espabilado. «La gente, por hacerle un favor a Alfonso, pierde el culo.» Carlos Sanjuán vuelve a beber. El pecado de la ambigüedad. Ya nada será como antes.

## NOTA PARA EL LECTOR

*Ni un sumarísimo ni un anecdotario. Este libro es más bien una crónica, en el sentido entero de la palabra. Que la materia de que trata propicie una lectura ligera, incluso depredadora, de sus páginas, no es cosa del autor, y menos aún culpa suya. Algún día, estas crónicas apresuradas serán el único protocolo que se conserve de unos hechos que habrán perdido toda actualidad. Quizá entonces se vea, sin embargo, con mayor claridad, el alcance de estos trajines, hoy sepultados bajo el escombro reciente del escándalo.*

*El libro ha sido escrito, sin embargo, pensando en el presente, es decir, para ser leído hoy. Mañana, Dios dirá, o mejor, sabe Dios. Se ha escrito también desde el convencimiento de que este fenomenal sainete de que trata el llamado «caso Juan Guerra» no admite otro tratamiento periodístico —ni parlamentario, a la vista está— que el que sugiere su condición compleja y bufa. Nadie ha dejado huellas profundas en el «huerto del Asistente», o alguien ha ido detrás borrándolas con sumo cuidado. Por tanto, buena parte de la crónica ha de atenerse a la conjetura sobre los indicios, procedimiento inobjetable con tal de que no se confunda con la libre invención. El autor se ha mantenido, en todo momento, en terrenos de la certeza, y si se ha aventurado por sus márgenes ha sido, exclusiva y escrupulosamente, para atar algún cabo o ponerle alguna nota al mapa del laberinto.*

*El «caso Guerra», por lo demás, es un asunto de Estado, por muy chapuceros que puedan parecer sus procedimientos, y así lo considera el autor. También será el tiempo quien diga la última palabra sobre su alcance real. Pero cualquiera puede hacerse ya una idea sobre sus dimensiones, con sólo ver los primeros efectos causados sobre el hasta ahora intangible vicepresidente Guerra. Por lo demás, desde una óptica sevillana, «El huerto del Asistente» se ve con luces y sombras que desde fuera quizá no se alcalcen. También ha tratado el autor de servir de guía e intérprete para curiosos descarriados, en el sobrentendido de que esa finca de lindes tan dudosas no es propiamente, como se dice a menudo, finca sevillana, sino pegujal de cualquier parte, se vean o no humear las habas.*

*El lector interesado en la anécdota es muy libre de brincar sobre la prosa, evitando la digresión sociopolítica que trata de servir a los hechos establecidos de hilo conductor. Lo hará, en todo caso, por su cuenta y contra el consejo expreso del autor, quien está convencido y responde de un único mérito: el de que incluye únicamente datos verdaderos y contextualizados como es debido. Ojalá que, al final de su lectura, el lector le reconozca este mérito.*

*A Francisco Rosell,*
*por su confianza,*
*y a José Antonio Gómez Marín,*
*por su paciencia*

# Luces de carnaval

*Un barbudo pasea por Cádiz • El «rey de la mangoleta» • Las sevillanas del Guerra • Juicio político, condena popular • Le llamaban* el Conseguidor • *Un hecho crucial • La visita del cartero*

El parecido, a primera vista, era pasmoso. El hombre andaba trajeado, con una cartera del tipo *attaché* en la mano, las gafas ahumadas, la barba espesa, la calva brillante. Se acercaba a las mesas y la gente, riendo, le gastaba bromas y le daba dinero. El hombre no hablaba, simplemente se dejaba ver, brujuleaba entre el hormigueo de personas que atestaba la plaza de los Carros, de Cádiz, aquella mañana de domingo de carnaval. Entonces, de alguna parte surgió un grupo, una chirigota de las no oficiales, de las que de verdad hacen gracia en Cádiz, tipos disfrazados toscamente con blancas calvas de cartón, barbas postizas de pelo artificial y gafas de sol baratas, vestidos de cualquier manera. Rodearon al hombre de la cartera, dejaron que se formara corro a su alrededor y empezaron a cantar:

*El rey de la mangoleta,*
*hermanísimo de Alfonso,*
*quiso ser rico y famoso*
*a costa de cara y jeta...*

La chirigota se llamaba *La familia de Juan Palomo*, un expresivo nombre que situaba al despistado en el núcleo del asunto. Su barbada y silenciosa «mascota», que asombró a medio Cádiz por el parecido y por su displicente comportamiento de repartir billetes falsos y simular trapacerías callejeras, era la mejor parodia del motivo que hizo furor en los carnavales: Juan Guerra.

La burla no paraba, y en ocasiones subía de tono. Otra chirigota callejera se llamaba *Los hermanos Metenmano*. He aquí una parte de su cuplé principal:

*Tiene fincas, coches, casas,*
*de dinero está forrao.*
*Las cuentas nunca se acaban,*
*y eso que estaba parao.*

En febrero de 1990, el carnaval de Cádiz, el más popular, el más burlón, el más feroz de España, tenía como protagonista principal a un ciudadano llamado Juan José Guerra González, brillante novedad que superó con mucho el inevitable recuerdo de la diputada Carmen Romero. Juan Guerra era desde enero carne de escándalo fresco, materia prima caída como del cielo para animar una fiesta cargada de burla. El carnaval de Cádiz es como un termómetro de la política nacional, un tamiz de crueldad bienhumorada por donde pasan cada año los principales acontecimientos del país, transformados en chirigota por el implacable sentido crítico del pueblo y amparados por una libertad de expresión que ha saltado históricamente por encima de dictaduras, mordazas e inquisiciones. No hay escándalo, noticia, conflicto o fenómeno de repercusión en la médula social que no pase a las coplas gaditanas convertido en la burla socarrona, a veces soez, a veces finísima, de las comparsas, las chirigotas y otras agrupaciones de carnaval.

La estrella del año carnavalero fue esta vez Juan Guerra, el hermano menor del vicepresidente del Gobierno. Para mayor goce y expansión del espíritu burlesco de los gaditanos, el escándalo había estallado a partir de su intervención en un proyecto urbanístico de Barbate, y en las fechas de carnestolendas coleaba todavía en la audiencia provincial, donde había diligencias abiertas para investigar flecos de la polémica. Al amparo de su figura algo siniestra, divulgada en cientos de fotografías en la prensa nacional durante el

**Las sevillanas de Melado se convirtieron pronto en un verdadero «hit-parade» oficioso que sonaba en coches, salones y comercios. La revista «Cambio 16» las regaló con un ejemplar y agotó dos ediciones en pocos días.**

**En febrero de 1990 el carnaval de Cádiz, el más popular, el más burlón, el más feroz de España, tenía como protagonista principal a un ciudadano llamado Juan José Guerra González.** (En la foto, doble de Juan Guerra en el carnaval de Cádiz, 1990.)

**Cádiz sentenciaba con la burla mientras a esas alturas la realidad política estaba debatiendo otros expedientes: el de la culpabilidad penal de Juan Guerra por tráfico de influencias y el de la responsabilidad política de su hermano Alfonso.** (En la foto, Alfonso Guerra se dirige al Congreso el 1 de febrero de 1990.)

mes de enero, las comparsas urdieron decenas de burlas, escenificaron parodias acanalladas, improvisaron disfraces de chafarrinón y convirtieron el carnaval en un esperpento al modo clásico, un espejo cóncavo donde rebotaba, deformada, la imagen de la realidad. En cierta manera, el carnaval ejecutaba a su manera bufa la sentencia que ya había dictado el tribunal de la conciencia popular. Y era dura la condena de los tanguillos:

*En Sevilla le llaman Juan Guerra,*
*el hermano del Guerra que tiene*
*de tó;*
*tiene el tío catorce cortijos,*
*quinientas parcelas de rosas*
*sembró;*
*tiene el tío noventa garajes,*
*catorce negocios, cuarenta chalés,*
*una tienda que vende de Ubrique*
*preciosas carteras*
*en Puerta Jerez;*
*accionista de un puerto*
*de Plata*
*vende carpetas también,*
*el hermano del Guerra que grita*
*se lleva la guita*
*por tóa la jeró,*
*con la cara que tiene el turista*
*con esa cabeza*
*como un bolillón.*

Cádiz sentenciaba con la burla mientras a esas alturas, la realidad política estaba debatiendo otros expedientes: el de la culpabilidad penal de Juan Guerra por tráfico de influencias y el de la responsabilidad política de su hermano Alfonso. Una sesión parlamentaria que será recordada en la historia negra del Congreso había dejado, el 1 de febrero, la sensación de que en vez de la verdad, resplandecía una burla serificada en la que el vicepresidente del Gobierno pretendía hacer creer su total desconocimiento de los motivos del escándalo. Que no eran otros que las sospechosas presunciones derivadas del enriquecimiento de Juan José Guerra durante los siete años en que ocupó un despacho oficial en Sevilla por orden de su hermano el vicepresidente. Un enriquecimiento que, además, no admitía matices, porque consistía en el salto abismal del desempleo a la opulencia, con datos tan contundentes como la aparición de una veintena de fincas rústicas y urbanas, automóviles de lujo y sociedades de intermediación y promoción inmobiliaria.

El pueblo no esperó veredictos políticos, ni judiciales. Mientras la prensa juzgaba y los humoristas machacaban con un denuedo tan ingenioso como unánime, el pueblo condenó. Acostumbrado al victimario habitual de los que mandan, recurrió al viejo escape de la burla para emitir un veredicto sin paliativos, basado en un rudimentario pero eficaz código de ética social y transmitido mediante la tradición cómplice de las coplas callejeras y los chistes. Andalucía se inundó de crueles chascarrillos en los que se jugaba largamente con la palabra «chorizo». En las Fallas se quemó un *ninot* que representaba toscamente a Juan Guerra tirando de la gallina de los huevos de oro. El Movimiento Comunista, cuyo aparato de propaganda goza de gran prestigio creativo, pegó por media España carteles en los que se veía al cuestionado personaje en el mostrador de una charcutería. Algún bar del barrio de Los Remedios, sociológicamente el más conservador de Sevilla, exhibía en su pizarra el anuncio de «bocadillos Juan Guerra», rellenos de embutido. Otros sevillanos, agobiados por las penas deportivas de un Betis que también es «algo más que un club», hacían correr que el equipo iba a fichar a Juan Guerra porque necesitaba «un centrocampista que robe balones». Y, para redondear las dimensiones folklóricas, hasta salió de la tumba del tópico la vena ingeniosa de un inevitable *barbero de Sevilla.*

Este nuevo trovador bufo era Manuel Melado, barbero hispalense de la más pura cepa del casticismo al uso, desenvuelto, superficial y cantarín. Melado creó unas sevillanas que hicieron furor, divulgadas pronto por las emisoras, que habían encontrado de golpe y porrazo un regalo envuelto en el celofán de la eterna «gracia» andaluza. Gracia, desde luego, tenían. Éste era el estribillo:

*Vaya partido*
*más enrollao,*
*que te forra y te*
*llaman descamisao.*

Las sevillanas de Melado —musicalmente impecables, no en vano el autor es un clásico de las novedades de la Feria— se convirtieron pronto en verdadero número uno de un hit parade oficioso que sonaba en coches, salones y comercios. Algo debió temer el poder en la sátira, porque El Corte Inglés, principal divulgador de la casete, las retiró de la noche a la mañana en pleno auge de la demanda. La revista *Cambio 16* las regaló con un ejemplar, y agotó dos ediciones en pocos días. Pero Melado recibió presiones y terminó asustándose de su inesperado descubrimiento. «No pensaba que iba a pasar esto», balbucía ante el éxito sorpresivo.

La verdad es que el nuevo barbero de Sevilla había gozado de una insólita capacidad de síntesis para resumir, en el estilo teñido de horterismo que requiere el género, lo que pensaba la calle del alud de revelaciones que se había desencadenado en la prensa desde el mes de enero. Así lo narró el juglar de la Alameda de Hércules, enclave castizo donde los haya:

*Ay, Juanito de mi alma,*
*la que has liao.*
*Hace poco en el paro*
*y ahora forrao.*
*Te pusieron despacho*
*y Alfonso dijo:*
*en tres años, Juanito,*
*tendrás cortijo.*

Fue realmente en seis largos años, casi siete. Pero Juanito, Juan, Juan José Guerra González, tuvo cortijo, y fincas, y pisos, y solares, y empresas, y Mercedes, y caballos. Pasó de pobre a rico, en medio de un proceso político en el que su hermano, acuñador del término «descamisados» para definir la base sociológica del PSOE, era el hombre más poderoso de la más poderosa maquinaria política del país. Todo demasiado rápido, demasiado abrupto, demasiado evidente para pasar sin pena ni gloria.

El origen de ese desclasamiento audaz, precipitado y sin complejos, fue la victoria socialista en las elecciones de 1982, que convirtieron a Alfonso Guerra González, vicesecretario general del PSOE, en vicepresidente del Gobierno, y a su hermano Juan, oscuro fontanero de la seguridad y las finanzas del partido, en su secretario particular en Sevilla. Un despacho en la plaza de España, sede de la delegación del Gobierno, fue la clave. Aquel despacho, inicialmente destinado a ser la oficina del vicepresidente en su ciudad natal y cuna política, se convirtió en un despacho de favores, en la Oficina del Conseguidor.

Porque a Juan Guerra, desde mucho antes de que estallara el escándalo, le llamaban en Sevilla *el Conseguidor*. Le podían haber puesto cualquier otra cosa: el desatascador, el cerrajero, el rompemuros, el sacacorchos. Pero le pusieron *el Conseguidor*. En Sevilla, que es ciudad al fin y al cabo pequeña y cerrada, los secretos corren boca a boca, y al final suelen desembocar en sainete vocinglero. En los últimos años, a partir, más o menos, de 1983, la voz se propagó como una onda entre una tupida red de industriales poco escrupulosos, inversores de medio pelo y pícaros con aspiraciones de meter la cuchara en la turbamulta del 92. La voz decía: eso lo puede conseguir Juan Guerra.

Con ese macutazo en las orejas fueron muchos a verle a la plaza de España. Algunos, la tercera parte, están en el libro de registro que salió a la luz en abril, tras ser pedido públicamente en el Congreso de los Diputados. Otros más listos lograron citas fuera de la sede oficial, y los hubo que utilizaron terceras personas, enlaces del enlace, intermediarios del intermediario. Una contrata, una gestión, una chapuza, un favor. Algo que conseguir.

La cosa era, más o menos, de este modo: había que plantear que el asunto era legal, que estaba en regla, dispuesto para someterse a cualquier revisión de las leyes y de las normas de competencia. Lo único que faltaba era un empujoncito. Nada de dictámenes, ni contratos, ni informes. Fácil, nada irregular, amigos tiene todo el mundo. Y qué mejor amigo en un gobierno socialista que un caballero apellidado Guerra. En todo caso, si se cometía prevaricación ni era problema del *Conseguidor* ni de su «cliente». La prevaricación sólo la comete quien tiene el poder de tomar decisiones.

Así fueron llegando. Empresarios de hoteles, contratistas ferroviarios, vinateros, amiguetes, constructores de farolas, promotores inmobiliarios, vendedores de maquinaria médica, intermediarios de tragaperras, fabricantes de material eléctrico, corredores de fincas rústicas, montadores de garitos, viajantes de comercio. Una peregrinación, una romería, un festival. Sala de espera en el despacho, pase usted a ver a don Juan, tendrá que esperar, siéntese. Hasta treinta y cincuenta visitas en un día. Si algo no falta nunca es gente dispuesta a saltarse su turno en la cola del cine, en la lista del paro, en la licitación de obras públicas, en los pasillos de la Administración.

La gestión tenía pocos riesgos. Una llamada telefónica siempre se puede hacer, si se consigue línea. No es delito, y tal vez ni siquiera sea pecado. Es cuestión de levantar el teléfono y llamar. Si el interlocutor es receptivo, pues bingo. Si te hacen el favor, ya se puede cobrar la comisión y apuntarse el tanto. Si no lo hacen, pues bueno, se hizo lo que se pudo, era muy difícil, otra vez será.

Es una historia compleja, difícil, extraña. Los tres primeros meses de 1990 pasarán a la historia como de los más agitados, convulsos y peligrosos de la reciente política española. Denuncias, revelaciones, jueces, amenazas, investigaciones, polémica. Alfonso Guerra vio a su familia —porque otros dos hermanos, Antonio y Adolfo, saltaron a la luz pública relacionados con actividades del mismo tenor sospe-

**De los once hermanos Guerra, al menos los tres más pequeños, Alfonso, Juan y Adolfo, han experimentado un sustancial cambio de hábitos y condiciones de vida a partir del desarrollo triunfante de su actividad política.** (En la foto, Adolfo y Juan Guerra.)

**Quienes vieron a Juan Guerra en televisión, durante las dos entrevistas con que trató de contrarrestar en 1990 el alud de denuncias sobre su persona, pudieron contemplar la excelente pintura de sí mismo que, voluntariamente o no, realizó el personaje. Pícaro, cínico, habilidoso, inteligentemente tosco, vivo, hábil, peligroso.**

choso— en la picota nacional, y atravesó la crisis más importante de su carrera, acaso de su vida. La intervención en el Parlamento el 1 de febrero marcó su más bajo momento político. Hubo frufrú de dimisiones, movimiento de fuerzas en el Gobierno, desequilibrios internos en el socialismo, intentos de caza de brujas. Cada semana, cada día, un periódico o una revista revelaba alguna nueva conexión del que toda España empezó a conocer como el *hermanísimo*. Una vuelta más de tuerca cada mañana. Hasta el diario *El País* entró en la batalla, con un significado claro en el mensaje metaperiodístico: una parte del PSOE y del Gobierno, Carlos Solchaga, Javier Solana, Narcís Serra, Jorge Semprún, veía con malos ojos el «caso Guerra».

El 25 de febrero, en medio de una tensión casi desconocida, Alfonso Guerra compareció en un mitin en Sevilla. La expectación que rodeó aquella comparecencia fue excepcional, porque se esperaba una versión corregida y aumentada del desplante parlamentario. Pero Guerra no fue Guerra, y su moderación de aquella tarde-noche infirió al escándalo un sesgo superficialmente más relajado. A partir de ahí, el escenario pasó a los juzgados, aunque entre las bambalinas del poder seguía una lucha que va a marcar durante muchos años el curso de la política española.

Este libro pretende ser la historia de la génesis del escándalo, redactada en medio del desarrollo del mismo. Una génesis que sólo puede explicarse desde la premisa del conocimiento del contexto en que se ha desenvuelto. La crisis interna del Partido Socialista en Andalucía, el largo proceso de acoso al presidente de la Junta, los enfrentamientos derivados de una falta de entendimiento bajo la que se sustancia buena parte del debate sobre la dinámica que rige actualmente en la política de toda España. Los mecanismos de poder con que Alfonso Guerra ha manejado y controlado el desarrollo de la vida institucional y orgánica de Andalucía, y la exploración de factores humanos y personales que convirtieron a varios de los hermanos Guerra en auténticos desclasados al amparo de su progreso político.

No hay aquí pretensiones globalizadoras. Se trata de

explicar que si Juan Guerra pidió favores fue porque existía previamente el caldo de cultivo para que se los hicieran. Que nada de lo que constituye escándalo hubiera sido posible sin una sociedad éticamente muy viciada y políticamente sometida, incapaz de actitudes de fuerza moral o de otra clase de condena que exceda de la burla, por ácida que sea.

Juan Guerra hizo de *hermanísimo* en una sociedad concreta, en un partido concreto, ante un gobierno concreto con una política concreta. En el desarrollo de esa intrahistoria radican muchas de las claves que le permitieron actuar. Entre ellas el poder delegado de su hermano, el sistema de control impuesto por Alfonso Guerra en la articulación política andaluza, los mecanismos de equilibrio interno en el PSOE, y la existencia de un sentimiento desacomplejado de libertad para cambiar de estatus vital. La fortuna del *Conseguidor* se cimentó sobre favores, y esos favores se cimentaban a su vez en un sustrato de miedo.

También está el problema de la financiación, el verdadero caballo de batalla de la política reciente en España. Juan Guerra pudo o no ser un correo, pudo hacer negocios para el Partido Socialista, para sí mismo o, lo que resulta más creíble, para ambos al mismo tiempo. Pero es evidente que hizo algunos negocios «en nombre», estrictamente en nombre, del PSOE. Los dirigentes socialistas lo consideran abuso de confianza. Se trata, en cualquier caso, de la utilización objetiva de una razón social, y un apellido, para fines de lucro. Un fenómeno que era posible porque las reglas de juego no estaban definidas, ni mucho menos claras.

Al mismo tiempo, el salto cualitativo de Juan Guerra iba a caballo de un enorme desahogo ético. El fenómeno de desclasamiento en el personaje es tan evidente como el hecho de que de los once hermanos, al menos los tres más pequeños, Alfonso, Juan y Adolfo, han experimentado un sustancial cambio de hábitos y condiciones de vida a partir del desarrollo triunfante de su actividad política. Este y otros factores hacen necesaria la exploración de determinados segmentos de la vida personal, y el carácter de los protagonistas, para que la historia no se reduzca a la interpretación meramente positivista de los hechos políticos y económicos.

Porque, además, el elemento humano desempeña en el «caso Juan Guerra» un papel extremadamente relevante. El protagonista del escándalo tiene en sus propias claves personales suficientes razones de interés para un retrato de época. Quienes lo vieron en televisión, durante las dos entrevistas con que trató de contrarrestar en abril de 1990 el alud de denuncias sobre su persona, pudieron contemplar la excelente pintura de sí mismo que, voluntariamente o no, realizó el personaje. Pícaro, cínico, habilidoso, avisadamente tosco, vivo, hábil, peligroso. Un hombre acostumbrado a las condiciones difíciles, dispuesto a no dejar que se le escape la oportunidad de que ha gozado.

Juan Guerra, el hombre que puede pasar a la historia como el factor que quebró el signo político del Partido Socialista, gusta de jugar en el filo de la navaja, aunque acaso no llegó a saber nunca lo arriesgado de su propia posición y se dejó enredar en un enorme exceso de confianza. Vio la oportunidad y se lanzó a exprimirla. Quizá piense ahora que al menos ha tenido tiempo para cambiar su vida.

Pero el cartero siempre llama dos veces. A Juan Guerra le advirtieron en más de una ocasión sobre el peligro de su juego. El hombre, que es largo, buen jugador, un pícaro moderno, despabilado y hábil, siguió el envite. Y un día el cartero, que había pasado de largo la primera vez —junio de 1989, revista *Época,* dossier sobre sus negocios filtrado por su ex mujer— volvió para llamar de nuevo en la puerta del *Conseguidor.* Esta vez lo que traía era un paquete bomba.

# El factor humano

*Una llamada en Barbate • «No es lo mismo que te llame Juan Guerra o que te llame otra persona» • La falsa promesa de Juan Guerra • La venganza de Serafín Núñez • «¿A que no tienes cojones de preguntarlo en el pleno?» • Todo atado, pero menos • Una cuestión de confianza*

Todo empezó con una llamada. A veces, una catástrofe se derrama a partir de un hecho trivial, de cualquier gesto de apariencia inocente, de un sencillo y confiado acto cotidiano que se convierte en el detonador de alguna bomba con espoleta retardada colocada por el destino en una encrucijada de la vida. A veces la casualidad acecha emboscada bajo los síntomas corrientes, y un alud de acontecimientos, cuyo control se considera previsible mediante premisas racionales de certeza, estalla tras un suceso vulgar, insospechado, común y apacible. A Juan Guerra, por ejemplo, le empezó a estallar el mundo entre las manos, sin que él lo supiera, el día en que, en presencia de su amigo y socio José Garrido López, levantó el teléfono de un despacho de la ronda de Capuchinos, en Sevilla, y marcó el número del ayuntamiento de Barbate.

Juan Guerra ya no estaba entonces, en setiembre de 1989, en su famoso despacho oficial de la plaza de España, sede de la delegación del Gobierno en Andalucía, el que más tarde sería conocido como «despacho del asistente», el núcleo y origen del escándalo posterior, el nudo gordiano de la polémica, el pecado original de los hermanos Guerra. Para esas fechas ya hacía unos meses que había recibido la orden de hacer los bártulos, de coger el petate, y se había instalado en unas oficinas privadas donde nadie registraría sus pasos ni daría problemas a su hermano Alfonso ni a los celosos dirigentes del partido en Andalucía. Era ya Juan Guerra un hombre rico, importante, un empresario próspero que no necesitaba seguir siendo «asistente» de nadie, un intermediario en pie de igualdad con otros príncipes de la especulación que campaban, y aún lo hacen, a sus anchas bajo el manto amable del Partido Socialista. Y en aquel preciso instante iba a comenzar a negociar uno de los asuntos de apariencia más pingüe de todos los que había gestionado a lo largo de casi siete años.

A menos de doscientos kilómetros de distancia, el alcalde de Barbate, Serafín Núñez, antiguo mancebo de farmacia, un tipo iluminado que había llegado a prohibir la presencia en sus aguas de la sexta flota americana, agarró el teléfono por la línea interior y escuchó cómo su secretaria le informaba de que al otro lado estaba Juan Guerra.

Esto era a finales de setiembre. En Barbate ya se habían ido los veraneantes, y apenas quedaba otra cosa que la paciente flota pesquera, víctima habitual de las patrulleras marroquíes, y el viento de Levante. Pura rutina. La llamada sobresaltó a Serafín Núñez, que preguntó a su secretaria antes de aceptar:

—¿Qué Juan Guerra? ¿El de Sevilla?

—Claro, cuál va a ser. El hermano de Alfonso.

Núñez pidió que le pasaran la llamada y aún titubeó unos instantes sobre el tratamiento que debía dar a su interlocutor. Finalmente decidió que iba a prevalecer la confianza. Al fin y al cabo, se trataba de un compañero de partido.

—Hola, Juan. ¿Cómo estás?

Intercambiaron los saludos de rigor. Núñez dudó otra vez si preguntarle por Alfonso. Finalmente decidió no hacerlo.

—Bueno, pues tú dirás.

—Mira, te llamaba porque me gustaría pasar a verte con unos amigos. Son gente solvente que tiene interés en un proyecto grande por ahí cerca.

Núñez tragó saliva. Lo veía venir.

—No será lo del Puerto de la Plata.

—Sí, exactamente. Mira...

—Hombre, Juan, pero si eso está muy claro. Acabamos de echarlo para atrás, hay una normativa y no puedo...

—Espera, espera. Se trata de gente muy solvente, gente seria que está dispuesta a respetarlo todo. Será bueno para todos, para Barbate, para ti, para todos. Lo único que te pido es que nos recibas.

—No, si yo te recibo cuando tú quieras. Ésta es tu casa. Y viniendo de ti...

—Bueno, pues tú me dices cuándo te viene bien. Ya verás cómo todo va a ir sobre ruedas.

El alcalde de Barbate lo explicaría más tarde con una naturalidad aplastante: «Es que no es lo mismo que te llame Juan Guerra o que te llame otra persona.» Por eso consintió en la entrevista. Por eso siguió consintiendo cuando Juan Guerra y los hombres de Puerto Zahara, José Garrido, Pierre René Elbaz y otros, le visitaron varias veces en el ayuntamiento —al menos dos, según declararía luego al fiscal de Cádiz Jaime Ollero—, se quedaron a comer y le entregaron, prácticamente hecho, un proyecto urbanístico de 8 000 millones de pesetas, que la corporación acababa de rechazar hacía menos de dos meses porque no se ajustaba a la normativa urbanística. Antes de aquel rechazo había intervenido como mediador un destacado socialista, el senador José Cabrera Bazán, que meses más tarde sería elegido presidente de la Cámara Andaluza de Cuentas. Pero José Cabrera, aun siendo quien era y aun representando a una multinacional, no podía compararse con Juan Guerra para según qué cosas. Y Núñez lo sabía.

Serafín Núñez no era tonto. Sabía que aquello que Juan Guerra le había pedido había que hacerlo. Sabía quién era Juan Guerra, qué representaba, y tenía muy claro cuál era su papel, como alcalde, en aquella historia. Un mero instrumento, una comparsa necesaria. Sabía también que su escollo era el menor, porque parte de los terrenos sobre los que se pretendía construir pertenecían al polígono de El Retín, propiedad del Ministerio de Defensa, y porque cualquier modificación normativa que se hiciera en Barbate tendría que pasar por la Comisión Provincial de Urbanismo. Pero cuando Juan Guerra iba tan seguro sería porque él, que tenía fama de «desatascador» de problemas, ya habría allanado el terreno. Sin embargo, el proyecto del Puerto de la Plata era su oportunidad, la ocasión pintiparada de, indirectamente, lograr una compensación, un agradecimiento a los servicios prestados. Núñez estaba algo cansado de ser alcalde de una población en crisis permanente. Y los tiempos están muy malos hoy en día. Nadie da ya facilidades a cambio de nada.

Lo plantease o no Núñez, Juan Guerra intuyó el asunto. La operación era importante, y pensó que la disposición del alcalde necesitaba estímulo. Al fin y al cabo, lo que le estaba pidiendo era que diera marcha atrás a una reciente negativa rotunda. Ni corto ni perezoso, el hermano del vicepresidente del Gobierno le prometió a Serafín Núñez que el PSOE lo iba a nombrar presidente de la diputación de Cádiz, cargo a punto de quedar vacante por la inminente marcha de su titular, Alfonso Perales, al Congreso de los Diputados. Esto era exactamente lo que esperaba Núñez, a quien sabía un poco harto de la alcaldía barbateña y, a esas alturas, bastante convencido de que se merecía algo mejor.

* * *

Juan Guerra jugó demasiado fuerte esta baza, ajeno a que con el farol iba a comenzar a fraguarse su caída por una carambola de la suerte. Hay grandes tinglados históricos que se vienen abajo porque un leve factor humano se cruza en la confluencia de grandes vectores convergentes. Y a Juan se le estaban empezando a confabular las casualidades con demasiada insistencia.

Probablemente, él mismo fue demasiado lejos. Para Núñez, la oferta de la presidencia de la diputación contribuyó a avalar su hipótesis de que detrás de Puerto Zahara, que así se llamaba la sociedad promotora del proyecto Puerto de la Plata, estaba su propio partido, el PSOE, además de los

El alcalde de Barbate, Serafín Núñez, antiguo mancebo de farmacia, un tipo iluminado que había llegado a prohibir la presencia en sus aguas de la sexta flota americana, estaba algo cansado de ser alcalde de una población en crisis perenne. Ni corto ni perezoso, el hermano del vicepresidente del Gobierno le prometió que el PSOE lo iba a nombrar presidente de la Diputación de Cádiz.

Juan Guerra llevaba cierto tiempo conviviendo a medias con una mujer, María Isabel García Valverde, enfermera del hospital General de Sevilla, a que había conocido paseando por el parque de María Luisa.

socios de Juan Guerra, o precisamente por eso. Cedió sin reticencias y esperó su recompensa por el servicio prestado. De hecho, llegó a insinuar en la corporación, allá por la mitad del mes de octubre, que pronto iba a tener que despedirse.

Pero las elecciones de octubre llegaron, Alfonso Perales salió diputado por Cádiz —inmediatamente detrás de Carmen Romero— y el PSOE, después de una larga deliberación interior, nominó para la presidencia de la diputación al alcalde de Arcos de la Frontera, Jesús Ruiz. Núñez, con el imaginable disgusto, llamó a Juan Guerra y le espetó, de una u otra forma, la clásica pregunta: «¿Qué hay de lo mío?»

Guerra salió como pudo, toreando al alcalde con el pico de la muleta. Le dejó entrever que los borbollistas —partidarios del presidente de la Junta de Andalucía y enfrentados al sector del PSOE controlado por Alfonso Guerra— se habían opuesto para sacar a su candidato, y le sugirió que podría haber una delegación provincial del gobierno autonómico para premiar la fidelidad del alcalde. Éste no se lo creyó apelando a una razón elemental: si los borbollistas no le querían en la diputación, menos aún le querrían como delegado de la Junta. Núñez movió algunos hilos, hizo preguntas y sacó conclusiones. La principal era que Juan Guerra le había engañado.

Pero el asunto no tenía vuelta atrás, ni él, objetivamente, la deseaba. Le quedó el resquemor del engaño, y maquinó una pequeña venganza. La forma y los pormenores de la operación, más la presunción de la verdadera identidad de sus agentes, obligaban al alcalde a una evidente razón de silencio. Tenía que ser discreto, pero decidió, a lomos del despecho, no serlo demasiado.

De forma que, cuando poco antes del pleno municipal del 30 de diciembre, el concejal del CDS Alonso Varo le colocó la venganza en bandeja de plata, Núñez se decidió a aprovecharla. Varo, un opositor incómodo, pagado de sí mismo, con aspecto estrafalario reforzado por una barba de marinero portugués, había pasado varias semanas colocando numerosos reparos a Puerto de la Plata, y cerca ya de la aprobación del protocolo de intenciones favorable al proyecto, abordó al alcalde en el pasillo con aire zumbón.

—Serafín, ya me extrañaba a mí que hubieras acogido de pronto tan por las buenas lo del Puerto de la Plata. Menos mal que me he enterado a tiempo.

—¿Que te has enterado de qué?

—De quién está detrás, no te hagas el sordo, que medio Barbate sabe ya que te has vendido a Juan Guerra.

—Yo no me he vendido a nadie. Si está Juan Guerra como si está Dios, vosotros mismos decís que el proyecto hay que hacerlo. Y si lo está, ¿qué pasa? ¿Es que va a dejar de ser bueno porque esté detrás Juan Guerra? Además, tú que eres tan listo, ¿a que no tienes cojones de preguntármelo en el pleno?

—¿Que no? Yo tengo cojones para lo que haga falta.

Y lo preguntó. Antes había avisado a la prensa, no fuera a pasar inadvertido. Pero lo preguntó suavemente, aludiendo sólo a «personalidades del Partido Socialista, gente de mucho peso», quizá para facilitarle la salida al alcalde. Pero el alcalde no necesitaba esa salida. Ya tenía la que andaba buscando. Lo que respondió Núñez, y todo lo demás, está en las actas municipales:

—A mí me da igual que detrás de este proyecto estén o no personalidades del Partido Socialista, porque es bueno para Barbate. A mí me da igual que el hermano del vicepresidente esté detrás de todo esto...

—Eh, eh, lo ha dicho usted, no yo.

—Sí, sí, lo he dicho yo, y me da igual porque...

Ese diálogo llegó un día más tarde a la delegación del periódico *ABC* en Jerez, y a la del *Diario de Cádiz*, toda una institución en la provincia. Las aguas informativas estaban absolutamente tranquilas, era a comienzos de año, calma chicha, y aquello podía valer...

Lo que vino después es conocido para cualquier español que lea periódicos, vea la televisión —para éstos puede estar algo más oscuro— o escuche la radio. Allí iba a comenzar el más espectacular escándalo político de la España reciente. Aquel diálogo en el que el alcalde de Barbate bajó la guardia abrió una crisis sin precedentes, que iba a suponer la anulación práctica de las posibilidades de futuro político del vicepresidente del Gobierno, que iba a cortocircuitar una parte del mecanismo financiero del Partido Socialista y, entre otras cosas, iba a trazar una raya sin retorno en la política de la España democrática. Aquel intercambio verbal premeditado con fondo de *vendetta* abría de modo casi casual el «caso Juan Guerra», y después ya nada sería igual ni para los Guerra, ni para Núñez, ni para la política, ni para el Gobierno. Nada para nadie. Demasiado para lo que Serafín Núñez podía imaginar. Y, sobre todo, para lo que podía imaginar Juan Guerra.

* * *

En realidad, Juan Guerra suponía, probablemente, que todo estaba atado y bien atado. Le había visto las orejas al lobo en el último junio, cuando la revista *Época* publicó un informe —«Un descamisado que se forra»— basado en el dossier que su ex mujer, Ángeles López Rubio, Angelita, le había entregado poco antes a Manuel Fraga. Allí estaban, muy cumplidas, la mayoría de las revelaciones que, siete meses después, se convertirían en el espectacular «caso Juan Guerra» y tambalearían el poder político personal más fuerte de la democracia. Con fotocopias de registro mercantil, con nombres de socios y fotografías de fincas, las páginas de la revista conservadora eran un compendio de todo un entramado industrial cuyos beneficios podían suponerse en cientos de millones de pesetas. Aunque la publicación no efectuaba consideraciones que apuntasen a la forma de conseguir ese holding, su reportaje suponía algo más que una simple denuncia corriente y al uso. Era, cuando menos, un amago.

Aquello —fruto de otro factor humano prácticamente imprevisible— había supuesto un toque de atención, un zumbido de alarma que logró asustar a los altos responsables del partido hasta conseguir que convencieran a su hermano Alfonso, el vicepresidente, para que le hiciera abandonar el despacho de la delegación del Gobierno en Andalucía y se olvidara de acompañarle en las apariciones públicas. De hecho, la maniobra de Ángeles, despechada por una paliza que le dio el 29 de setiembre de 1986, cuando ella le sorprendió regresando a casa de su amante, había supuesto un foso de confianza entre él y Alfonso, que comenzaba a recelar de la salpicadura política de un posible escándalo.

Aquella noche, a Juan Guerra se le cruzó, realmente, el primer duende maldito que a la larga había de poner la piedra para el majestuoso tropezón de dos años más tarde. Juan llevaba cierto tiempo conviviendo a medias con una mujer, María Isabel García Valverde, enfermera del hospital General de Sevilla, a la que había conocido paseando por el parque de María Luisa. En plena crisis con su mujer, a la que había pegado en más de una ocasión —«Juan tenía las manos muy ligeras», declararía ella en el curso del escándalo—, comenzó a frecuentar las visitas a casa de su amante y a espaciar cada vez más sus regresos al domicilio familiar. Ángeles, Angelita, empezó a pensar en la separación, sabedora de la creciente prosperidad económica que atravesaba su marido.

Las razones por las que Angelita acudió el 29 de setiembre de 1986 al domicilio de Maribel García Valverde en la sevillana calle Bogotá no están del todo claras. Juan y Maribel no habían llegado, y la esposa ofendida decidió esperarlos. La escena del encuentro es imaginable. Ángeles iba con uno de sus hijos más pequeños, y esto molestó sobremanera al marido. A Juan se le fueron «las manos ligeras», y en el forcejeo, a pie de automóvil, que no en la casa, agredió a Angelita en los labios. Lo cierto es que le partió, literalmente, la boca. Ella se fue directamente a la casa de socorro, primero, y al juzgado de Camas, donde vivía, después. Puso una denuncia por lesiones, luego base de la demanda de separación, y logró una condena de tres días de arresto —que no se cumplieron, por ser la primera— para Juan. Pero, además, comenzó a rumiar la venganza.

Una tarde de mayo de 1989, Angelita llamó por teléfono a dos diputados andaluces del Partido Popular, Juan Luis

Muriel y Juan de Dios Martínez Soriano, y se citó con ellos en un bar de la calle Betis, de Sevilla. Tres días después les pidió una entrevista con Manuel Fraga, y a mediados de junio, en una conversación sumamente tensa —«sepa usted que a mí ustedes no me gustan un pelo», comenzó diciendo la dama a guisa de prólogo— puso sobre la mesa del asombrado líder conservador, en la calle Génova de Madrid, un dossier lleno de datos sobre las propiedades de su ex marido. Fraga, acostumbrado al viejo pacto de silencio forjado durante la transición, dudó un poco, y finalmente lo hizo llegar a la publicación que consideró más próxima.

*Época* no fue, empero, la única publicación que tuvo el informe acumulado por Angelita. La revista *Tiempo* conoció el dossier, envió reporteros a Sevilla y elaboró un reportaje que nunca vio la luz. La ministra Rosa Conde, portavoz del Gobierno, sí lo vio. Se lo enseñó Antonio Asensio, presidente del Grupo Z, quizá buscando refuerzos para apoyar su proyecto de televisión privada. Al final no tuvo reportaje ni televisión. Pero al Gobierno se le encendió la primera luz roja sobre el peligro del asunto Juan Guerra.

El reportaje de *Época*, pese a haber despertado los temores de que podía estallar una polémica política, quedó sumido en el silencio del verano, las elecciones europeas y la siguiente etapa de expectativa hasta las generales de octubre. Juan podía seguir, aunque la negociación económica con Ángeles se hizo imperativa. Tenía una espada colgando sobre su cabeza, pero la cuerda que la sostenía era todavía bastante fuerte. Con precauciones, pero podía seguir.

La principal precaución había sido cambiar de despacho. Se fue con su hermano Adolfo a un piso de la ronda de Capuchinos, tras una conversación con el secretario general del PSOE de Andalucía, Carlos Sanjuán. La conversación fue dura, porque aunque en el PSOE había, a esas alturas, mucha gente partidaria de acabar con los movimientos de Juan Guerra, resultaba francamente difícil encontrar a alguien dispuesto a «ponerle el cascabel al gato». Sólo un hombre como Sanjuán, duro, rígido y absolutamente disciplinado, con todas las garantías de lealtad, podía abordar el

Nadie cuestionó, en la delegación del Gobierno, que Juan Guerra tuviera un despacho sin un nombramiento. Sólo Leocadio Marín, a la sazón delegado, hizo una leve objeción, una pregunta más bien.

Inicialmente el despacho fue instalado en la torre Norte de la plaza de España, sede del Gobierno Civil (en la foto). Meses después, Juan fue mudado a la torre Sur, en otra dependencia con mayor aislamiento.

Un mitin de las elecciones al Parlamento Europeo, en Écija, constituyó el último acto público de Juan Guerra como asistente del vicepresidente del Gobierno, el último lugar en que pudo fotografiársele junto a su hermano. Inmediatamente después, el despacho más famoso de España cambió de sitio antes de saltar a la fama.

tema, y no sin que antes, desde luego, hubiera dado Alfonso su visto bueno. Lo dio a través de Alfonso Garrido, el delegado del Gobierno, un hombre acomodaticio que difícilmente hubiera abordado en solitario la papeleta de «echar» a Juan Guerra, aunque había conseguido trasladarle el despacho hasta la semiabandonada torre Norte, aprovechando una remodelación general de la delegación, que subsumía la estructura del Gobierno Civil. Juan, finalmente, se fue. Muy indignado, con sensación de incomprendido —«todo eso son infamias»—, y atropellado, y diciendo a los amigos y «clientes» que se trasladaba porque sus operaciones tenían ya un calado y un volumen que requerían establecimiento independiente. Pero se fue. Un mitin de las elecciones al parlamento europeo, en Écija, constituyó su último acto público como asistente del vicepresidente del Gobierno, el último lugar en que pudo fotografiársele junto a su hermano. Inmediatamente después, el despacho más famoso de España cambió de sitio antes de saltar a la fama.

«Si hubiera estado allí desde el principio, no habría pasado nada, porque no habría soporte político para el escándalo», le dijo al autor un dirigente socialista en pleno marasmo de la crisis. En realidad, visto desde la actual perspectiva cronológica, lo del despacho sólo puede explicarse desde la perspectiva de una formidable confianza en la legitimidad que proporcionaba la victoria electoral del 28-O.

Ese clima ideológico hay que tenerlo en cuenta para analizar, y comprender, las razones de un error político de tal calibre, demasiado importante para superarlo con un simple cambio de despacho al cabo de siete años largos de uso. Cuando el PSOE ganó las elecciones del 28 de octubre de 1982, con un proyecto político global basado en el *cambio* como filosofía genérica, las proporciones de la victoria borraron de los ganadores toda noción de ilegitimidad. En Andalucía, soporte de la abrumadora mayoría, esa sensación fue especialmente evidente. Los socialistas lideraban un proyecto de renovación que se confrontaba radicalmente con todo lo anterior, y en ese marco de esperanzas generalizadas, el derecho, en especial la normativa administrativa, era contemplado como un corsé limitador que había de ser aflojado. La legitimidad de las urnas fue, durante unos meses —los que duró la ocupación del Estado y la consiguiente asimilación de sus mecanismos—, la única razón positiva que era entendida y aceptada como tal.

Por eso nadie cuestionó, en la delegación del Gobierno, que Juan Guerra tuviera un despacho sin un nombramiento. Sólo Leocadio Marín, a la sazón delegado, hizo una leve objeción, una pregunta más bien, cuando el secretario del vicepresidente del Gobierno, Rafael, *Fali*, Delgado, le ordenó —no le pidió, le ordenó— que habilitara una dependencia para el hermano de Alfonso Guerra en la muy amplia sede de la plaza de España de Sevilla.

—¿Y qué categoría le damos? —preguntó Marín.

—No, ninguna. De momento trabajará para el partido. Si alguien pide alguna explicación procura obviarla, y si no se puede, es el secretario particular de Alfonso. No te preocupes por él. Funcionará a su aire.

Leocadio Marín sí se preocupó, porque entendió que iba a haber problemas, y que el hermano de Alfonso Guerra no era un huésped cómodo. Pero no tenía alternativas. Ordenó que le dieran un despacho a Juan, con sucintas explicaciones a los funcionarios, y dejó hacer. Inicialmente, según consta en los libros de registro, el despacho fue instalado en la torre Norte de la plaza de España, sede del Gobierno Civil. Meses después, cuando se remodeló la sede de la delegación para ampliar los despachos de la secretaría general del organismo, Juan fue mudado a la torre Sur, en otra dependencia con mayor aislamiento, a la que se podía acceder sin pasar por el resto de las oficinas. Ése sería, más tarde, el despacho famoso, la muy popular «Oficina del Conseguidor». El huerto del asistente.

# El colchón de seguridad

*La «cocina» de Alfonso Guerra • Borbolla, el hombre • Dinero en la sombra • Un trabajo para Juan • Consignas para* Pepote *• Los consejos de Nerio Nessi •* Torneo, *la primera tapadera • Siempre alrededor del partido*

La victoria socialista de 1982, saludada con júbilo por casi todos los sectores esperanzados en una inflexión del país hacia un panorama distinto del callejón turbulento que había sido hasta entonces la transición desde el franquismo, significó el comienzo de una particular metamorfosis personal en la vida de Alfonso y Juan Guerra, proceso al que más tarde se sumarían dos hermanos más de la saga: Antonio y Adolfo. Hasta entonces, el trabajo político que se había realizado en el PSOE tenía un fuerte componente idealista, no en el sentido tradicional de alejamiento de la realidad o de planteamientos trascendentes, sino en lo que significaba de apuesta por un modelo que, al no estar contrastado por el poder, conservaba considerables dosis de optimismo histórico y de voluntarismo reformador. Esa victoria era el objetivo final de una tarea que había empezado en Sevilla veinte años antes, y cuando llegó al fin —«he hecho la faena de mi vida, para salir por la puerta del Príncipe», le diría Alfonso Guerra a su biógrafo Miguel Fernández Braso seis meses más tarde— tenía dentro de sí misma una poderosa carga de legitimidad, de autosatisfacción y de confianza. Aunque, probablemente, Alfonso ya no se lo creía.

La conciencia pragmática del número dos del PSOE es una de sus constantes más rotundas, por encima de otras consideraciones que ha pretendido hacer ver en su carácter y en su biografía. Alfonso Guerra es, ante todo, un hombre absolutamente práctico, dotado de una indiscutible capacidad para atisbar el lado de las cosas más conveniente en cada momento a sus intereses. Mucho más que un ideólogo, Guerra es un planificador y un activista, un excelente creador de estrategias que revisa en cada momento según sus prioridades. El soporte teórico en que sostiene esas prioridades le resulta aleatorio, tal como ha venido manifestando en los frecuentes cambios de posiciones esenciales desde que asumió la dirección práctica del partido y, muy especialmente, del poder en el Gobierno. La forma en que giró su radical oposición a la OTAN, sobre la que insistió incluso con dureza hasta meses antes del referéndum de 1986, es una significativa muestra de la prioridad que concede a los objetivos prácticos por encima de los principios teóricos.

Desde muy pronto, probablemente desde el momento mismo en que sintió o supo que podía disponer realmente de los destinos del Partido Socialista, una vez consolidado el liderazgo de su amigo Felipe González, Alfonso Guerra se aprestó a diseñar un modelo cuyo principal parámetro era la intuición obsesiva de que, mientras más esferas pudiesen controlarse, más intenso y prolongado sería el poder que se podía ejercer, y que los fracasos vendrían dados en la medida en que fallara esta premisa, tal como le ocurrió, efectivamente, a la derecha y al centro durante la transición. En primer término, Guerra pensaba en el poder interno, el del partido, sin querer ver mucho más lejos de ese punto, por más que repetidamente ha pretendido hacerse pasar por una figura dotada de excepcional olfato a medio y largo plazo. Pero no tardó en ver cómo, favorecido por la coyuntura histórica, iba a poder transformar su sueño interiorista en un proyecto político capaz de instalarse en el corazón del Estado.

Alfonso Guerra es un personaje asombrosamente dotado para una clase de trabajo que entusiasma a muy pocos: la logística, la mecánica interna de los procesos, el diseño de las estrategias. Sobre esta innegable capacidad de muñidor, él mismo ha construido una aureola de modestia que no es sino, como en tantos otros aspectos de su biografía oficial, una forma diferente de vanidad y de autohalago. Pero, indiscutiblemente, la trayectoria del vicepresidente del Gobierno se cimenta sobre una formidable disposición para desarrollar las tareas habitualmente no gratas que subyacen en la trastienda de las diferentes actividades públicas.

Él mismo se ha ufanado, con frecuencia, de sus innegables dotes de organización electoral. Es éste un aspecto en el que ni siquiera rebajando su habitual tono de arrogancia biográfica puede nadie atreverse a discutir el éxito de su trabajo, factor esencial en el récord histórico que suponen las tres victorias consecutivas en las elecciones generales, aunque el éxito de la última convocatoria quedara empañado por las sombras, avaladas jurídicamente, de la irregularidad. Pero esta excelente trayectoria no es fruto solamente de una brillantez intuitiva, sino que responde a una constante y planificada tarea que Guerra se fijó desde el principio. La creación de un Instituto de Técnicas Electorales en 1974, cuando el resto de las fuerzas políticas se limitaban a discutir las condiciones de la transición, permitió al PSOE afrontar el proceso democrático en condiciones muy superiores a las demás fuerzas de oposición, y con el beneficio de la experiencia aportada por la Internacional Socialista. Aquel instituto fue dirigido y controlado por Alfonso Guerra junto a algunos colaboradores, como Roberto Dorado y Julio Feo, y constituyó el germen del aparato de «fontanería» con que se dotó la Presidencia del Gobierno tras la victoria del PSOE, según el diseño trazado por el propio vicepresidente.

En sus iniciales facetas de desarrollo personal —el cine club, la universidad, la librería y, sobre todo, el teatro— Guerra ejerció siempre de «cocinero», por utilizar una expresión que le resulta sumamente grata. Esperpento, el grupo teatral sevillano en el que mejor se desenvolvió, a finales de los sesenta, nunca le vio actuar en una representación sobre el escenario. Al grupo llegó para dar clases teóricas de marxismo, se quedó, ejerció allí funciones de liderazgo parcial, dirigió algún montaje y articuló un discurso dogmático que serviría de base durante algunos años al trabajo colectivo del equipo. Finalmente, en un rasgo muy propio de él, según los que le conocen, se marchó «a la francesa» cuando descubrió casualmente que algunos de los miembros del grupo, especialmente las mujeres, estaban criticándole sin percatarse de que el aludido podía escucharlas.

Alfonso Guerra había ejercido un papel similar en el cine club Vida, también en Sevilla, otro de los pocos focos culturales de aquella anquilosada ciudad de los cincuenta y sesenta. Tanto aquí como en Esperpento tropezó siempre con gente de superior brillo que inevitablemente rivalizaban con él, ganándole casi siempre el tirón en el nivel superficial. En el grupo teatral fue José María Rodríguez Buzón, su posterior socio de librería; en el cine club su amigo y rival de liderazgo era el hoy arquitecto y pintor Gerardo Delgado. Pero, pese a su aparente inferioridad para la brillantez, Alfonso tenía a su favor su arma secreta: la extraordinaria capacidad de trabajo interno, su confianza en que la cocina es el verdadero centro de poder de la casa y su intuición de que, controlando esa parcela, podía hacerse con la llave que abría simultáneamente la despensa y el comedor. En política, todo funcionaba igual. De un modo no casual, el reparto de funciones que Felipe González y él llevaron a cabo en la cúspide del partido y del Gobierno pasó siempre por la determinación de que era Guerra el hombre destinado a ocuparse de las cuestiones internas, asuntos que a Felipe siempre le han desagradado por su falta de confianza en sus propias posibilidades de confrontación.

Guerra no quería brillo, sino poder. En la excelente investigación periodística que Carmen Rigalt llevó a cabo en el primer semestre de 1984 —cuando el director de *Diario 16*, Pedro J. Ramírez, la envió a Sevilla para contrarrestar con un trabajo de campo la visión hagiográfica del personaje que había dado Miguel Fernández Braso—, diversas personas que habían tratado a Guerra en la universidad y en el teatro se quejaron con unanimidad de su tendencia a desaparecer en caso de conflicto. «No hay que significarse», repetía mientras caminaba hacia su librería con paso tranquilo, a pocas decenas de metros de una universidad donde se libraban batallas campales entre los estudiantes y la policía.

**Alfonso Guerra es, ante todo, un hombre absolutamente práctico, dotado de una indiscutible capacidad para atisbar el lado de las cosas más conveniente en cada momento a sus intereses. Mucho más que un ideólogo, Guerra es un planificador y un activista, un excelente creador de estrategias que revisa en cada momento según sus prioridades.**

**En sus iniciales facetas de desarrollo personal Alfonso Guerra ejerció siempre de «cocinero», por utilizar una expresión que le resulta sumamente grata. Esperpento, el grupo teatral sevillano en el que mejor se desenvolvió, a finales de los sesenta, nunca le vio actuar en una representación sobre el escenario.** (Escena de «Antígona» por el grupo Esperpento, 1968.)

Esta actitud contrasta con la gallardía exhibida en su juventud por su hermano pequeño, Adolfo, que fue expulsado de la escuela de aprendices de Santa Bárbara, la empresa militar donde trabajó su padre y donde se han jubilado los hermanos mayores. Adolfo Guerra asumió la responsabilidad de cierto plante, en los años sesenta, para evitar que sus compañeros fueran expulsados de forma aleatoria, según el tradicional sistema de «diezmo» de filas.

Quizá por esa disposición a autodisolverse en momentos críticos, Alfonso Guerra no puede exhibir ningún episodio biográfico directamente represivo, ni siquiera la detención que, al poco tiempo de ser elegido primer secretario en Suresnes, sufrió Felipe González en los calabozos de la Gavidia de Sevilla. De ahí, también, el desprecio que Guerra ha mostrado siempre por los dirigentes, comunistas o de otro signo, que tienen a sus espaldas juicios, cárcel o tortura. El mensaje que Alfonso ha transmitido siempre es un pragmático —o cínico— aserto: no hacía falta nada de eso para llegar hasta aquí, y yo puedo demostrarlo.

De hecho, el propio Alfonso Guerra ha presumido con frecuencia de su actitud en el congreso socialista de Toulouse en 1972, el último antes de la ruptura del socialismo del interior con el sector histórico. Guerra viajó a Francia, preparó el congreso y se volvió a Sevilla dos días antes de que comenzara. Pablo Castellano ha matizado que se volvió porque no tenía ninguna posibilidad de sacar adelante su idea de trasladar a España la dirección del partido, pero la aclaración no anula el sentido pragmático de su postura. En Suresnes, en 1974, sí se quedó, acaso porque entendía que su tesis interiorizadora ya estaba madura para triunfar, pero su presencia nunca tuvo el protagonismo que, con escaso pudor hacia el resto de los artífices de aquel congreso, ha querido hacer creer con posterioridad. De nuevo allí se quedó en la sombra, trabajando para Felipe González pero sin tomar nunca la iniciativa del primer plano. La historia de la pizarra en que, según él, diseñó paso a paso la transición española, no deja de ser una patraña que irrita particularmente a ciertos compañeros de aquellas jornadas históricas.

También fue otra patraña, aunque sumamente indicativa de la seriedad con que asumía su papel de «cocinero», la divulgación de unas supuestas carpetas que contenían las líneas de gobierno que iba a seguir el PSOE a su llegada al poder, divididas en áreas y cargadas de medidas de choque. Estas carpetas, cuyos lomos Guerra llegó a enseñar a algún periodista madrileño, nunca existieron, como demostraron los primeros hechos realmente importantes del Gobierno del PSOE, entre ellos la improvisada expropiación de Rumasa. Simultáneamente a esta historia, Alfonso Guerra puso en circulación otra similar: la de la posesión de dos mil fichas de posibles altos cargos, con o sin carné de militante socialista, que él barajaba desde meses antes de la asunción del Gobierno. Esta afirmación, entre otras muchas veces, la repitió sin pestañear, y con una extraordinaria seguridad, durante una entrevista que Francisco Rosell, hoy director de *Diario 16 Andalucía*, y el autor de este libro le realizaron en Sevilla una semana antes del comienzo de la triunfal campaña de octubre de 1982. Oyendo la firmeza con que hablaba del trabajo de preparación de la tarea de gobierno, no sólo resultaba imposible dudar moralmente de sus asertos, sino que se transmitía plenamente la sensación —ésta sí cierta— de que había asumido sobre sí el grueso medular de la estrategia que iba a sostener el trabajo de la esperanzadora nueva frontera socialista. Y lo de menos era que tuviera o no claro desde el principio cómo habían conseguido llegar hasta allí.

* * *

Lo que sí tenía relativamente claro Alfonso Guerra era cómo había que conducir las cosas para controlar el desarrollo del PSOE con posterioridad a la muerte de Franco. Entre 1974 y 1976, Guerra decidió que era necesario trasladarse a Madrid con todas las consecuencias, más allá de los viajes progresivamente frecuentes que él y Felipe realizaban. En esos momentos, lo que Alfonso necesitaba era una estructura de su confianza para que el partido no se le fuera de las manos en Andalucía, donde tanto trabajo había costado reconstruirlo desde las catacumbas —con Rafael Escuredo, Alfonso Fernández Torres, su hijo Alfonso Fernández Malo y algunos más—, y donde él sabía muy bien que iba a tener la fuerza de respaldo para cimentar sus objetivos posteriores. Pero para eso tuvo que esperar.

Esperó hasta que encontró a Borbolla. José Rodríguez de la Borbolla era un joven profesor ayudante de derecho del trabajo que militaba en el Partido Socialista Popular de Tierno Galván, que abandonó poco antes que otro numeroso grupo —entre ellos Alfonso Lazo, Antonio Ojeda Avilés y algunos miembros más de la actual estructura del poder socialista andaluz— hacia 1972. Superando uno de sus más radicales prejuicios, el resentimiento de clase, Alfonso Guerra decidió cuatro años después que aquel descendiente de una familia clásica del sistema caciquil de la Restauración era la persona idónea para ayudarle a mantener el control del PSOE en Andalucía mientras él se trasladaba a Madrid en busca de metas más altas.

Borbolla —*Pepote* en el argot interno del partido— fue primero secretario provincial en Sevilla, y luego secretario regional. Cuando llegó el momento de controlar la estructura preautonómica, primero regida por Plácido Fernández Viagas y luego por Rafael Escuredo, *Pepote* recibió de Guerra el encargo explícito de hacerse cargo del desarrollo y gobierno de la organización, que ya era, a esas alturas, claramente la fuerza política con más proyección en la región que más parlamentarios elige de toda España. El eslogan de «un gran partido para un gran pueblo», además de buscar el combate con el andalucismo emergente en su propio terreno, apuntaba con claridad la consideración que la organización andaluza tenía en el diseño federal del PSOE. No sería hasta bastante más tarde, hacia finales de 1982, ya con poder político en Andalucía y en el Estado, cuando comenzaría a quebrarse la confianza de Guerra en su delfín andaluz, por razones de índole política y por otras extrañas circunstancias de índole interpersonal, como se verá más adelante. En aquellos momentos iniciales, lo que luego se

En Suresnes, en 1974, la presencia de Alfonso Guerra nunca tuvo el protagonismo que, con escaso pudor hacia el resto de los artífices de aquel congreso, ha querido hacer creer con posterioridad. Se quedó en la sombra, trabajando para Felipe González pero sin tomar nunca la iniciativa del primer plano.

José Rodríguez de la Borbolla era un joven profesor ayudante de derecho del trabajo que militaba en el Partido Socialista Popular de Tierno Galván, que abandonó hacia 1972.

La revista «Torneo» era en sí misma una plataforma política pese a su envoltura deportiva, que se hizo necesaria para obtener la autorización y que, a la larga, terminó desconcertando a los lectores.

llamaría el *guerrismo*, esto es, la dependencia de las decisiones fundamentales respecto al verdadero centro de poder del partido, estaba bien asegurado en el territorio meridional a través de la gestión política de Rodríguez de la Borbolla.

Pero Alfonso Guerra tenía más cabos que amarrar. Muy desde el principio, desde sus contactos con los socialistas alemanes, franceses e italianos, Guerra sabía que para la consolidación de un partido existe un elemento casi tan importante como la estructura o la organización: el dinero. Por razones elementales, este aspecto requería el cuidado de personas de absoluta confianza, de una confianza más profunda que la mera fidelidad a un proyecto o a una idea. Éste era un asunto para alguien muy cercano, muy leal, muy íntimo. Un asunto para un hermano.

Aquí entró Juan. Juan fue siempre, desde que ambos eran pequeños, el hermano preferido de Alfonso. Existe una foto de ambos cuando eran bebés, absolutamente enternecedora, cuyo rescate en estos tiempos tiene un significado extremadamente congruente. Julia, la hermana mayor de la familia, por la que Alfonso siente más cariño, lo ha contado repetidas veces. Desde la más tierna infancia, como suele decirse, Alfonso y Juan Guerra eran dos hermanos unidos por una enorme confianza mutua.

Alfonso eligió a Juan para llevar los asuntos del dinero. Fue una elección oculta, soterrada, que no trascendió a la estructura jerárquica oficial del partido, donde existía un responsable de finanzas, un tesorero, gente encargada del área económica. Pero por encima o por detrás de eso, en Andalucía, un buen número de dirigentes socialistas sabían que había otra figura cuyos movimientos, muchas veces desconocidos, tenían el respaldo implícito de Alfonso. Esa figura era Juan. Y de esa nunca especificada responsabilidad, de esa franja de sombra en la que se generaban razonables actitudes de duda, vendrían después muchos de los problemas que acabaron cristalizando en lo que hoy conocemos como «caso Juan Guerra».

En los años setenta, Juan era un tipo dedicado fundamentalmente a la venta a domicilio. Había sido vendedor del Círculo de Lectores, había vendido libros, café, biblias y embutidos —aspecto éste que, con tanto oportunismo como facilidad gruesa, ha sido recordado humorísticamente durante el escándalo—, se había movido mucho por media España y tenía un considerable baqueteo, experiencia en el trato, vista para negocios directos y, en suma, un apreciable bagaje de gramática parda. Incluso, durante el tiempo en que anduvo ligado a la revista *Torneo*, presumió con frecuencia de haber traficado con oro desde Sudán. El periodista Ignacio Romero de Solís, actual marqués de Marchelina, le oyó numerosas veces esta historia en la barra de un bar próximo a la redacción de la revista. Fuera o no verdad, gozaba Juan Guerra de una considerable experiencia en el trapicheo, que había aplicado simultáneamente con soltura a la actividad clandestina, primero en la libertaria CNT —Juan tenía la conciencia de clase mucho más visceralizada que su hermano— y luego en el PSOE.

La primera vez que consta noticia de esta vinculación es a raíz del congreso de Suresnes, cuando el PSOE creó algunas empresas, por consejo del italiano Nerio Nessi, para actuar de tapadera en las recepciones de ayudas económicas procedentes de partidos de la Internacional Socialista. Nessi, que tendría posteriormente un notable protagonismo en algunas presuntas conexiones financieras del Partido Socialista, instruyó a Alfonso Guerra, de quien llegó a ser gran amigo y padrino de su hija, sobre técnicas comerciales aplicadas a la financiación política. Así se crearon algunas entidades, como Seisa, de la que formaron parte Pablo Castellano y Luis Alonso Novo, ambos alejados hoy de la órbita del PSOE.

Por este alejamiento se ha podido saber, entre otras cosas, que Alfonso Guerra, cuando Alonso Novo dejó la empresa, nombró para su puesto a su hermano Juan, bajo su exclusiva responsabilidad. Esta clase de decisiones, sobre las que el número dos del PSOE nunca dio mayores explicaciones, fueron contribuyendo a la sensación, percibida por buena parte del partido, de que Juan Guerra era «el hombre de los dineros», una persona a la que no se podía hacer preguntas porque sus movimientos obedecían a un diseño cuyas ramificaciones reales escapaban al control de la mayoría. Probablemente, al control de todo el mundo. Pero, en cualquier caso, la mayor parte de los dirigentes del PSOE andaluz siempre tuvo claro que Juan Guerra se movía en un espacio turbio e incognoscible bajo el que se suponía, de forma confusa, la anuencia de su hermano. De modo que, como a esas alturas todos conocían ya el método absentista y concentrado en que Alfonso llevaba el poder de la organización, dejaban hacer en la conciencia de que alguien había tomado ya las decisiones pertinentes. Esta falta de clarificación también sería luego determinante en el escándalo, porque hubo ocasiones en que destacados dirigentes socialistas, con altos cargos en las diferentes administraciones públicas, accedieron a peticiones de Juan sin saber a ciencia cierta si se trataba de iniciativas personales o de actuaciones cuyo referente final era el propio partido.

El único, o uno de los pocos, que recibió realmente una consigna fue el propio José Rodríguez de la Borbolla, al que los guerristas, y principalmente el propio Juan, culparon en 1990 de haber alentado la información sobre los negocios del ya conocido como «hermanísimo» para vengarse de su postergación en el partido. Lo cierto es que Borbolla, cuando se hizo cargo de la coordinación entre el Partido Socialista y el gobierno autonómico de Rafael Escuredo, recibió la tajante explicación de que existía una parcela de tintes procelosos de la que él no habría de preocuparse. En aquellos momentos, verano de 1982, caliente la victoria del PSOE en las elecciones regionales de Andalucía e inminente la llegada al poder en todo el Estado, Alfonso Guerra había desarrollado con perfecta claridad un diseño político para evitar que a los socialistas les sucediera lo mismo que a UCD, es decir, que fueran víctimas de un impulso de desintegración.

Este diseño tenía tres pilares: el férreo control interno del partido para abortar cacicazgos, tendencias dispersoras y corrientes alternativas; la asunción del máximo poder sobre la televisión y, por último, la creación de un sistema financiero que impidiese, en caso de derrota electoral, la liquidación efectiva a manos de los acreedores. Esto último era lo que él llamaba un *colchón de seguridad.*

Ese colchón constaba de varios elementos. En primer lugar, se trataba de reforzar considerablemente la posición económica de quienes ocupaban cargos públicos, garantizando el sometimiento al partido y una cierta independencia para que, en el momento en que se produjera un cese, no quedasen estelas de resentimiento. Los presidentes de autonomías —esto lo sabe bien Borbolla—, alcaldes importantes, presidentes de diputaciones y otros cargos de cierta responsabilidad recibieron del partido una consigna estricta: sacudirse cualquier clase de complejos a la hora de asignar sueldos bajo presupuesto oficial, y no dejarse intimidar por las críticas de la prensa en este sentido. En el caso andaluz, el principal difusor de esta consigna fue el propio Rodríguez de la Borbolla, en su doble calidad de secretario regional y, como consejero autonómico de Gobernación —cargo que ocupó inicialmente en 1982, antes de pasar a la Presidencia de la Junta—, coordinador entre las diversas instancias oficiales y la organización del partido.

El segundo elemento era más complicado. Se trataba de la creación de un sistema financiero propiamente dicho, mediante el impulso de empresas afines —algunas de las cuales eran controladas desde la ejecutiva andaluza que dirigía el propio Borbolla— sobre todo, pero también a través del control sobre el trasvase del dinero público a las manos privadas en el proceso de inversiones. Este procedimiento, más bien oscuro y, desde luego, necesariamente confuso, fue denunciado por el diputado comunista Luis Carlos Rejón en el parlamento andaluz como trasfondo del «caso Juan Guerra», y su existencia en abstracto ha sido confirmada a este autor por algunos influyentes miembros del Partido

Socialista, en el seno del cual ha habido tradicionalmente reticencias a la aceptación plena de un sistema que ofrece amplios márgenes para la duda. En cualquier caso, la existencia del *colchón de seguridad* que Guerra defendía garantizaba al Partido Socialista una notable influencia externa a medida que se afianzaba su poder institucional y, por tanto, su capacidad para decidir sobre el destino de amplias partidas de fondos de carácter público.

* * *

El encargado de inflar ese colchón, y de dormir sobre él para cuidarlo, era Juan Guerra, y lo fue desde muy pronto, casi desde el principio. En 1976, el hermano menor de Alfonso apareció como delegado del Partido Socialista en un órgano de expresión surgido de un extraño conciliábulo en la confusa Sevilla de la transición. Allí y entonces, en una ciudad sin horizontes, sumergida en la crisis y muy lejos de las expectativas maximalistas del 92, sin imaginarlas siquiera, surgió un proyecto periodístico desde el que algunas instancias políticas y ciertos profesionales independientes intentaron compensar el vacío producido con la recesión que la Iglesia había impuesto en la línea aperturista, renovadora e integradora que venía siguiendo el periódico *El Correo de Andalucía.* Ese proyecto se llamaba *Torneo.*

*Torneo* era en sí misma una plataforma política pese a su envoltura deportiva, que se hizo necesaria para obtener la autorización y que, a la larga, terminó desconcertando a los lectores. Pero sus componentes políticos y financieros estaban bien asentados en el estado de cosas interno. Estaba, de un lado, el PSOE, representado directamente por Juan Guerra, Francisco Palomino, cuñado del propio Felipe González, y el fotógrafo Pablo Juliá. Éste, uno de los profesionales más brillantes del periodismo gráfico andaluz, formaba parte del llamado «grupo de Oromana», el famoso círculo —Felipe González, Alfonso Guerra, Carmen Romero, Luis Yáñez, Manuel Chaves, Miguel Ángel Pino, etc.— que

El llamado «grupo de Oromana» aparece en un retrato campestre y familiar, durante un picnic, considerado como la foto fundacional del nuevo PSOE.
(Entre los asistentes se reconoce a F. González, L. Yáñez, M. Chaves, C. Romero y A. Guerra.)

Durante el tiempo en que Juan Guerra permaneció inscrito en las listas del paro y cobrando un exiguo subsidio, ayudó a veces, de forma intermitente, en la librería Antonio Machado, en los últimos meses en que fue regentada por la mujer de Alfonso, Carmen Reina.

Finalmente llegaron los triunfos electorales de 1982, en mayo —autonómicas de Andalucía— y octubre —generales—. Así que, desde que Rafael Escuredo se convirtió en presidente de la Junta de Andalucía, la presencia de Juan Guerra en actos institucionales se hizo frecuente y habitual, solo o como acompañante de su hermano.

aparece en un retrato campestre y familiar, durante un picnic, considerado como la foto fundacional del nuevo PSOE. De otro lado, estaba en la revista el Partido del Trabajo, el PT, potente entonces en la universidad hispalense, donde tenía como líder estrella al antropólogo Isidoro Moreno, incorporado también a la revista junto a los hermanos Tomás y Manuel Iglesias, el primero destacado laboralista. Por último, había algunos periodistas independientes, como Iñaki Gabilondo, y un grupo, que ostentaba en la práctica la mayoría porque aportaba lo sustantivo del capital, y que controlaba desde lejos Francisco Fernández Ordóñez, el mismo que posteriormente sería ministro con la UCD y el PSOE. El hombre de ese grupo era el periodista Federico Villagrán, cesado un año antes como director de *El Correo* tras ser encarcelado por publicar que un contingente de marines norteamericanos iba a desembarcar en Rota para invadir la Portugal revolucionaria.

*Torneo* era editada por Prensa y Copistería, S. A., una sociedad creada por el PSOE para imprimir su órgano clandestino, *El Socialista*, y demás material propagandístico, que se confeccionaba en una rudimentaria imprenta situada en un garaje de la localidad de Alcalá de Guadaira. Esta empresa figuraba a nombre de Palomino y Juan Guerra, cuya presencia en *Torneo* tenía carácter de representación oficiosa del Partido Socialista. En esa época, y según las diferentes personas consultadas, nadie dudaba de la vinculación del hermano de Alfonso Guerra con la estructura del partido, algunas de cuyas gestiones financieras, muy dificultosas y más relacionadas con pagos y deudas que con ingresos y superávits, desarrollaba directamente.

Pero *Torneo* cerró. Hubo dos asaltos, supuestamente de la extrema derecha, la revista se quedó sin recursos y el grupo de Fernández Ordóñez se cansó de poner dinero. Prensa y Copistería aguantó algún tiempo más en la imprenta de Alcalá, antes de que el PSOE decidiera imprimir *El Socialista* en Madrid y la empresa se quedara prácticamente sin clientela. Palomino se decidió a cerrar, aunque circulan algunas versiones sobre una confusa operación de Juan

Guerra con el material de impresión que la sociedad poseía. Finalmente, Guerra, que estaba dado de alta como gerente, pasó a las listas del desempleo.

Desde esta fecha hasta 1982, año de su ingreso en la delegación del Gobierno en Andalucía, la pista de Juan Guerra apenas puede seguirse documentalmente. Oficialmente estuvo adscrito a la nómina del desempleo, con alguna contratación interina como la que, durante el referéndum autonómico de 1981, le brindó la Junta de Andalucía para la realización de trabajos de campaña. Se sabe también, porque lo ha publicado la revista *Tiempo* durante el escándalo, que anduvo en esa época ligado al empresario Pedro Llach, un socio del polémico constructor madrileño Gustavo Durán. Durán se hizo famoso a lo largo de 1989 cuando intentó comprar a un diputado madrileño de Izquierda Unida para que votase a favor de la moción de censura presentada por el PP y el CDS contra el presidente de la Comunidad de Madrid, Joaquín Leguina. Su brusco salto a la popularidad le relacionó con algunos negocios turbios y, curiosamente, el propio Durán utilizó para definir sus actividades un término absolutamente familiar durante el «caso Juan Guerra». Durán le dijo al diputado Miguel Ángel Olmos, sin saber que éste le estaba grabando en un magnetófono, que él era lo que se suele llamar «un conseguidor», es decir, un intermediario entre empresarios privados y la administración. Éste era, exactamente, el término con que en Sevilla fue conocido Juan Guerra al poco tiempo de abrir despacho en la sede gubernativa. El pasado mes de marzo, la revista *Tribuna* publicaba fragmentos de una agenda de Juan Guerra. En ella figuraba, nítidamente, el teléfono de Gustavo Durán.

Juan Guerra figuró también en esas fechas, y muy frecuentemente, en los equipos electorales de las campañas del PSOE, pero nunca tuvo en ellos un papel definido ni concreto. Se ocupaba de asuntos de seguridad, iba por las oficinas, gestionaba cosas en nombre de su hermano y, eso sí, se encargaba de numerosos enlaces e intermediaciones con las imprentas, fabricantes de propaganda y otros empresarios que conocía bien en razón de sus anteriores actividades y sus contactos. También durante ese tiempo, en el que permaneció inscrito en las listas del paro y cobrando un exiguo subsidio, ayudó a veces, de forma intermitente, en la librería Antonio Machado, en los últimos meses en que fue regentada por la mujer de Alfonso, Carmen Reina. Por fin, a primeros de 1982, Alfonso decidió darle de alta en el PSOE, teóricamente como responsable de seguridad. En ese tiempo, Juan iba con frecuencia a Madrid, donde se hacía visible en las oficinas del partido en Santa Engracia, y donde despachaba muchas veces con Emilio Alonso y Guillermo Galeote. Alonso era responsable de las finanzas del partido, en cuya responsabilidad cesó al resultar «tocado» por el escándalo Sellberg de comisiones ilegales por la adjudicación de materiales de limpieza en ayuntamientos de la región murciana. Alonso Sarmiento cayó definitivamente en desgracia cuando llegó a asegurar que había contribuido a la creación de empresas para configurar una estructura financiera sostenida directamente por el Partido Socialista.

Finalmente llegaron los triunfos electorales de 1982, en mayo —autonómicas de Andalucía— y octubre —generales—. El masivo respaldo popular venía a suponer, en la conciencia de muchos ciudadanos y, desde luego, en la de la mayoría de los miembros del Partido Socialista, el aval genérico a unos modos de conducta que rompían con las estructuras políticas cuyo rechazo podía manifestarse en la elección del modelo de *cambio* representado por el PSOE. Así que, desde que Rafael Escuredo se convirtió en presidente de la Junta de Andalucía, la presencia de Juan Guerra en actos institucionales se hizo frecuente y habitual, solo o como acompañante de su hermano. En esas fechas, también, era frecuente su aparición en la sede regional del PSOE andaluz, a la sazón situada en el barrio de Los Remedios, en un piso del mismo bloque que la tonadillera Isabel Pantoja. Nadie pudo extrañarse, pues, cuando a raíz de la clamorosa victoria de octubre, Juan comenzó a dejarse ver por la delegación del Gobierno, recogiendo la correspondencia oficial y atendiendo las peticiones, visitas y protocolo de su hermano. Tampoco nadie cuestionó entonces si tenía o no nombramiento como asistente o secretario, si pertenecía a la nómina del Estado o a la del partido, si trabajaba para la causa pública o para la privada. En aquellos instantes de euforia y triunfo, los socialistas y la gran capa social que los apoyaba se consideraban una sola familia.

# El huerto del asistente

*Los sondeos de Juan Guerra • Euforia tras el 28-O • El «defensor del pueblo» o las simpatías del* Conseguidor *• El libro gordo de Juanete • Faltan cinco años de registro • Las tribulaciones de Tomás Azorín • El despacho que todos conocían • Teoría del «pelotazo» o la necesidad de un explorador • Un intermediario para desayunar*

A finales de 1982, Juan Guerra ya estaba instalado en la sede de la delegación del Gobierno, en la plaza de España de Sevilla. Primero se estableció en la torre Norte, donde tenía sus oficinas el Gobierno Civil de la provincia, y más tarde, en mayo de 1983, pasó a la gemela torre Sur, una vez consolidada ésta como oficina de la delegación gubernativa regional. Posteriormente, el despacho mudaría de sitio, a raíz de una remodelación efectuada para ampliar las oficinas de la secretaría, y luego una vez más a consecuencia de un traslado de personal. En los tres despachos sucesivos que ocupó —uno fue el de su propio hermano, el vicepresidente— tenía un teléfono, dos banderas, un tresillo, mesa de escritorio y otros elementos de oficina. Usaba el télex y el fax de la delegación, y la mayoría de los servicios generales de ésta. En su último despacho, se hizo instalar un teléfono con línea directa, cuya orden firmó personalmente en lugar de pedirla a los servicios administrativos.

Durante el tiempo que permaneció allí, hasta mediados de 1988, el personal subalterno se limitó a verle entrar y salir, algunos con franca reticencia y otros, como el ordenanza Julián Parra, con complacencia que iba a derivar en el servicio directo. Parra, que fue durante dos años una especie de ordenanza de Juan Guerra, aunque oficialmente no adscrito, contempla hoy el escándalo desde los periódicos y revistas que vende en su quiosco del paseo de Colón, en Sevilla, pero no sale de las muestras de sarcasmo sobre su antiguo jefe, del que guarda alguna memoria oculta de agravios. Bajo el rictus entre cómplice y rencoroso de Julián Parra, una especie de «si yo hablara», parece latir un punto de malquerencia mezclada con lealtad, herencia probable del asunto del casino La Solana, efímero negocio vinculado a ciertos marselleses, que Juan ayudó a abrir y en el que fue cajero un hermano de su ayudante.

Oficialmente convertido en secretario particular de Alfonso Guerra —lo de *asistente* es un término que vendría más tarde— y con la misión teórica de recoger su correspondencia, llevar su menguada agenda sevillana y coordinar la seguridad y la logística de sus semanales desplazamientos a Sevilla, su hermano Juan no perdía el tiempo en la tarea más importante de las que estaba llamado a ejercer, es decir, la de creador del colchón de seguridad. En esa época, recién llegado el PSOE al poder, Juan Guerra se dio prisa en contactar con algunos empresarios e industriales sevillanos para proponerles su participación en sociedades vinculadas al Partido Socialista, exponiendo por las claras sus intenciones al respecto.

Juan eligió, sobre todo, personas que conocía de los tiempos de la clandestinidad, ex militantes de partidos de izquierda que se habían quedado descolgados durante las turbulencias políticas de la transición y que trataban entonces de reorientar sus vidas convirtiéndose en empresarios o propietarios de pequeños negocios con mayores o menores perspectivas de futuro.

En ese trabajo de sondeo, Guerra cosechó calabazas como la de los propietarios de la agencia de viajes Ronda o su antiguo compañero de *Torneo* Manuel Iglesias, a quienes habló, abiertamente, de la posibilidad de «ganar mucho dinero» si se prestaban a apoyar a la nueva causa. En una ocasión, lanzó cables por camino equivocado, y a través de personas interpuestas llegó a hacerle una oferta de colaboración al mismísimo Alejandro Rojas-Marcos, bestia negra del socialismo felipista que en aquel tiempo estaba provisionalmente retirado de la política activa, y dedicado especialmente a negocios de importación-exportación. Pero no sólo dio en vías muertas. También debió obtener triunfos y adhesiones, según se demostraría más tarde a través de su conglomerado de empresas. Algunas de las personas que fueron contactadas entonces, con resultado negativo, han comentado al autor de este libro su impresión de que lo que Juan Guerra les proponía no era tanto trabajar para la creación de una red de empresas vinculada al PSOE sino poner sus nombres como «tapadera» para una serie de negocios que iba a pilotar él mismo, con un ambiguo trasfondo de beneficiarios.

En la delegación del Gobierno se supo pronto que Juan Guerra era algo más que un asistente o, al menos, que se trataba de un asistente con bastante poder. Juan era, por ejemplo, el encargado de revisar y expurgar el informe diario que era elevado a su hermano el vicepresidente, en el que un equipo de funcionarios trabajaba desde primerísima hora de la mañana para que Alfonso Guerra lo tuviese en Moncloa no más tarde de las diez. Leocadio Marín, el delegado, no era casi nunca la última persona que veía el informe, porque de sus manos pasaba a las de Juan Guerra que, con frecuencia, añadía o suprimía elementos al documento antes de su envío por télex o fax a Presidencia. Esos informes, de carácter teóricamente confidencial, contenían desde novedades de orden público a recortes de prensa sobre asuntos políticos, incluidos comentarios acerca de la persona o la labor del vicepresidente.

El control del aparato informativo de la delegación permitió a Juan convertirse en una figura clave de la política en Andalucía, toda vez que su poder era creciente mientras más caudal de información acumulaba. Teniendo en cuenta su proximidad al vicepresidente, especialmente durante los fines de semana, que Alfonso solía y suele pasar en Sevilla, el volumen de sapiencia concentrado por Juan gracias a su presencia en la torre Sur era fácilmente convertible en artillería contra cualquier figura del panorama político que no se aviniese a razones cordiales, como sucedió, de hecho, con el presidente Borbolla y algunos de sus hombres más cercanos. De este modo, Juan Guerra empezó a mandar, a ser alguien a quien había que tomar en consideración.

Simultáneamente, Guerra había comenzado a ejercer de conseguidor. En un principio, su tarea esencial en este campo consistía en actuar como un intermediario de favores al servicio de los militantes del partido. Considerado como un interlocutor especial ante su hermano, Juan era asaltado por todo tipo de peticionarios en busca de trabajo, aceleración de expedientes o trámites como comisiones de servicio y destino de funcionarios.

Hay que tener en cuenta que, en aquellos meses, cuando el PSOE comenzaba a ocupar el territorio administrativo del Estado, se produjeron numerosos nombramientos para cargos políticos o puestos funcionariales de designación directa. Este enorme movimiento causaba con frecuencia cambios de destino en las personas seleccionadas, que debían trasladarse de ciudad dejando atrás a esposas o maridos, hijos, etc. La solución más recurrida era nombrar al cónyuge para otro puesto en la misma ciudad —Sevilla, con su conversión en capital autonómica, era la principal recipiendaria de esta pléyade administrativa— o bien una comisión de servicio que permitía el traslado de la persona requerida sin pérdida de sus derechos laborales.

Juan Guerra fue el vértice de una gran parte de este maremágnum. Desde su despacho se movieron comisiones de servicio por el procedimiento de urgencia, se consiguieron nombramientos intermedios y hasta muy frecuentemente se lograron plazas escolares para los hijos de estos matrimonios unidos por su flamante adhesión al proyecto de gobierno socialista. El otro pilar de este auténtico palio era el de una especie de oficina paralela de colocación y empleo. Al pairo de los numerosos municipios y organismos públicos que el PSOE controlaba, Juan Guerra buscó trabajo a muchas personas, militantes socialistas o familiares directos, que no podían o no querían esperar a las medidas políticas anunciadas por su partido para la creación de 800 000 nuevas plazas laborales. Su fama de benefactor corrió como pólvora en el partido, extendiéndose pronto a favores tales como acelerar trámites para operaciones quirúrgicas o traslados de cupo para hospitales en que la asistencia era mejor o más rápida. Inicialmente los beneficiarios de esta intermediación eran los miembros del PSOE o sus allegados, pero no tardó en ampliarse el abanico de protegidos bajo el manto del *Gran Conseguidor.* El propio Juan no dudó en utilizar un caso, el de una vendedora de helados a la que consiguió mantener en su confiscado puesto ambulante, para realzar su imagen de bienhechor y adalid de los más pobres, durante sus polémicas entrevistas televisadas en el mes de abril de 1990, en concreto ante la periodista Mercedes Milá, de televisión española.

Juan ejercía también de filtro para las innumerables peticiones que llegaban hasta su hermano. Es una constante histórica que, cada vez que se produce un cambio de gobierno, o una persona o colectivo nuevo alcanza el poder, recibe de inmediato una lluvia de demandas personalizadas que responde al afán popular de solucionar problemas concretos por la vía inmediata, amparándose en una clásica confusión de la democracia representativa con el concepto de posesión del aparato estatal plasmado en la frase de «ahora que han ganado los míos». Alfonso Guerra es, y presume de ello, un personaje especialmente antipático para esta clase de favores directos, que romperían su imagen de incorruptibilidad a toda prueba. Aunque no le ha importado autoconcederse excepciones clamorosas, como la muy famosa del Mystère para cruzar la atascada frontera hispano-portuguesa en 1988 o la discrecionalidad para buscar prebendas a su compañera María Jesús Llorente, Guerra tiene a gala su dureza para aceptar recomendaciones.

En Sevilla, por ejemplo, los que le recuerdan de sus tiempos de profesor en la escuela de aparejadores conocen su costumbre de suspender sin apelación a aquellos alumnos que le eran recomendados, como sabe bien uno de sus compañeros de teatro juvenil, el librero José Manuel Padilla. El propio Alfonso ha hablado alguna vez de lo que él considera una debilidad de Felipe González. A Fernández Braso le dijo que «Felipe es incapaz de decir que no a las personas una a una, mirando a la cara, aunque luego es capaz de decir no a diez mil juntas». En privado, suele comentar, cariñosamente, que «Felipe, si fuera mujer, sería puta, porque no sabe decir que no».

Lo cierto es que, dada su proverbial dureza, Alfonso Guerra encontró en Juan el envés de la moneda. Su hermano no sólo no decía que no, sino que movía los hilos posibles para dar esos sí individualizados que, según Alfonso, no sabe negar Felipe González. Juan Guerra, tampoco. En pocos meses, su despacho de la plaza de España parecía, como él mismo llegó a decir una vez, el altar de la Virgen de Fátima.

Juan Guerra parecía gozar con su papel, que le proporcionaba un indiscutible protagonismo. A su actual compañera, Maribel García Valverde, su amante hasta el proceso de separación matrimonial, la conquistó desde el despacho de la torre Sur, si bien la conoció fuera de allí. Maribel solía pasear por el cercano parque de María Luisa con su hija, a la que aquejaba una enfermedad crónica. En uno de esos paseos trabó conocimiento con Juan quien, al conocer la enfermedad de la hija, invitó a la mujer, que de inmediato había despertado su interés, a visitarlo en el despacho, donde él podía solucionar el problema de asistencia médica. Juan le dijo a su nueva amiga que él *trabajaba* en la delegación del Gobierno, lo cual era evidentemente exacto, aunque la expresión tenga en el uso común un significado diferente.

La hija de Maribel comenzó, tras las gestiones de Juan, a recibir la asistencia especializada que necesitaba, y que por el colapsado procedimiento habitual de la Seguridad Social se hubiera retrasado probablemente hasta límites irreparables para la niña. El predicamento que Juan Guerra adquirió ante la joven recién conocida sirvió de comienzo a una relación mucho más intensa que aún no se ha roto, pero no fue inicialmente diferente del que le permitía gozar de gran ascendencia entre sus conciudadanos a los que resolvía problemas.

Recién llegado el PSOE al poder, Juan Guerra se dio prisa en contactar con algunos empresarios e industriales sevillanos para proponerles su participación en sociedades vinculadas al Partido Socialista, exponiendo por las claras sus intenciones al respecto. A través de personas interpuestas llegó a hacer una oferta de colaboración al mismísimo Alejandro Rojas-Marcos.

Alfonso Guerra tiene a gala su dureza para aceptar recomendaciones. En Sevilla, por ejemplo, los que le recuerdan de sus tiempos de profesor en la Escuela de Aparejadores conocen su costumbre de suspender sin apelación a aquellos alumnos que le eran recomendados.

Resulta imprescindible decir, para no desviarse de la objetividad, que esta tarea de conseguidor le reportó a Juan Guerra una extraordinaria simpatía. Muchas de las personas que recibieron favores sin cobro en la primera etapa no aceptarán jamás las imputaciones que posteriormente han caído sobre la cabeza de quien les facilitó las cosas. En Sevilla, y durante dos o tres años —antes de que empezara el cobro de otra clase de favores—, Juan Guerra tenía fama, al menos entre un sector de personas, de auténtico benefactor, de defensor del pueblo, practicante de una beneficencia política clientelista, elemental y arbitraria, pero profundamente popular en medio de la extendida cultura del favor.

Y a él le gustaba. Un conocido dibujante andaluz, ex militante socialista y compañero de agrupación de Juan Guerra, le encontró una vez durante los festivales de teatro de Itálica, tras varios años sin verle. Tras los saludos, le preguntó cómo le iba, y se refirió al despacho de la delegación del Gobierno. Guerra le indicó entonces que las cosas marchaban muy bien para él, y le preguntó si necesitaba algo, insistiendo ante la negativa del dibujante. Como éste le explicara que también a él le iba satisfactoriamente en su trabajo y en su vida, Juan apeló al viejo compañerismo: «Venga, hombre, pídeme algo, ahora que podemos.»

La anécdota es significativa porque revela el sentido de solidaridad grupal que impregnaba la conducta de los socialistas tras su llegada al poder. En honor a la verdad hay que decir que, en los primeros compases del gobierno socialista, ese clima de solidaridad favorecía sensiblemente la consecución de favores. Bastaba que el favor fuese «para un compañero» para que se allanasen rápidamente los obstáculos necesarios. En este sentido, a Juan Guerra apenas le hizo falta el manejo de su apellido. Durante aquellos primeros meses le bastaba estar donde estaba, en un centro oficial y en un papel privilegiado, para erigirse en articulador de una maquinaria de asistencia para socialistas en apuros.

Los directores y jefes de personal le temían, porque los acribillaba con peticiones, igual que a otros funcionarios situados en puestos clave. Si se le ponían muchos reparos, surgía el imperativo político, el «es necesario para el partido» o el más conminatorio «el partido tiene mucho interés». Sólo en casos de atasco o dificultades serias, y si el asunto era de suficiente importancia a su criterio, el empeño era personalizado directamente, de modo que funcionaba la máxima que luego alcanzaría fama en los despachos de Andalucía: «Alfonso tiene mucho interés en ello.» De momento, esto ocurría en la esfera de lo que los técnicos llaman recursos humanos. Aún no había empezado a suceder en las jefaturas de compras.

* * *

En la delegación del Gobierno en Andalucía existía, por motivos de seguridad, un libro de registro de visitas. Se trataba de controlar no tanto quién accedía al edificio, sino si salían todas las personas que entraban en él. En principio constaba de unas hojas, que fueron luego, en 1983, sustituidas por un libro como los que se usan para la contabilidad manual de ciertas empresas. De modo que, a la entrada, a mano izquierda, en una especie de guardarropa que funcionaba como garita de seguridad, un policía requería el carnet de identidad de los visitantes, y rellenaba las páginas de un libro en el que se hacía constar el nombre, el número de DNI y, en apartado específico, el objeto de la visita, además de la dependencia o el funcionario al que se dirigía el recién llegado.

Una mañana de 1985, el delegado, Leocadio Marín, mandó llamar al secretario general de la delegación, Antonio Ortega, un ex gobernador de UCD en Jaén al que Marín conocía desde su etapa de presidente de la diputación en aquella provincia. El delegado fue directo al grano.

—Antonio, convendría suprimir el libro de registro.

—¿Suprimir? ¿Eso cómo va a ser?

—Sí, sí, hay que quitarlo. Si no, nos va a dar problemas, más tarde o más temprano.

—Pero, hombre, Leocadio, si es un elemento de seguridad. Además, ¿puedo saber el motivo por el que quieres suprimirlo?

—Lo sabes muy bien. Se trata de Juan Guerra.

—Pero está autorizado por Moncloa para estar aquí.

—Está autorizado oficiosamente. No hay ningún nombramiento, y me preocupa que lo visite tanta gente. Si vinieran menos, la cosa tendría un pase, pero es que tiene más visitas que nosotros, y esto va a dar problemas. Si viene una inspección de servicios y mira los libros, a ver cómo justificamos que un señor que no tiene ningún nombramiento reciba quince o veinte visitas al día. ¿En calidad de qué? Y no podemos enviarlos a preguntar a la Moncloa.

—Pero, de verdad, Leocadio, el libro no se puede quitar así por las buenas, porque entonces no sabremos quién entra y quién sale.

—Además, este hombre le va a dar un día un disgusto a su hermano. Ya sabes lo que ha pasado con los embargos. Nosotros no podemos contestar más exhortos dirigidos aquí. Y un magistrado puede pedir cualquier día los libros y armar un follón administrativo.

—Mira, si quieres, hacemos una cosa. Podríamos suprimir el apartado de «objeto de la visita» y la dependencia que se va a visitar. Así mantenemos el control, pero no constan las visitas particulares.

—Bueno, de acuerdo, al menos quita eso. Luego, ya veremos.

Y así se hizo. El libro de visitas desapareció de la entrada, y en su lugar fueron colocadas unas hojas de registro, donde sólo se especificaba el nombre del visitante y su documento de identidad, que posteriormente también desaparecieron, hasta febrero de 1988, en que el delegado Alfonso Garrido, recién llegado al cargo, restableció el control. Cuando, en 1990, el diputado andalucista Alejandro Rojas-Marcos solicitó al Congreso ver el citado libro, petición que también efectuó la ex ministra y diputada del PP Soledad Becerril, surgió la polémica sobre la desaparición parcial del registro en el que, de hecho, faltaban varios años cuando fue examinado por ambos políticos y, antes, por el fiscal

Alfredo Flores Pérez, de la audiencia de Sevilla, encargado de la investigación inicial sobre presuntas irregularidades cometidas por Juan Guerra en el uso del despacho oficial.

En concreto, el libro que examinaron los citados diputados, durante la pasada Semana Santa, contenía sólo dos etapas, aquellas en que el control había estado bajo responsabilidad de Alfonso Garrido, delegado del Gobierno en el momento de producirse la petición oficial de examen del registro. En la primera etapa figuraban las visitas efectuadas desde el 17 de enero de 1983 hasta el 3 de mayo de ese año, es decir, el tiempo en el que Juan Guerra radicó provisionalmente en el Gobierno Civil, cuyo titular era entonces el citado Garrido. La segunda fase, en tres carpetas de hojas, comprendía a partir de la fecha en que el hasta entonces gobernador fue nombrado delegado del Gobierno, desde el 18 de febrero de 1988, y hasta el mes de abril de 1989, teniendo en cuenta que desde el 20 de junio de 1988 el despacho había vuelto, teóricamente, a residir en la torre Norte de la plaza. Es decir, que faltaban, en la práctica, cinco años de registro, que fueron hechos desaparecer a los ojos del fiscal y los diputados. Que fueron, por decirlo en castellano preciso, escamoteados, porque existe constancia por testigos de la existencia del libro, primero, y de las hojas después. El libro inicial, según testimonios recabados por el autor de estas páginas, fue con seguridad recogido por el propio Leocadio Marín, y las hojas creadas posteriormente debieron convertirse, con el tiempo, en hojitas volanderas.

Las visitas que recibía Juan Guerra —consignadas algunas veces como «Don Juan» en el casillero correspondiente del registro— eran, verdaderamente, un jubileo. Había mañanas en que el pasillo que conducía al despacho acogía simultáneamente hasta una quincena de personas a la espera de ser recibidos por *el Conseguidor.* Hubo que llevar hasta allí algunas sillas para aliviar las demoras en la recepción de peticionarios, muchos de los cuales terminaban acompañando a Juan al cercano bar La Raza, en el parque de María Luisa, donde tomaban café o un aperitivo. El personal de la delegación, en su mayoría procedente de la vieja administración del Movimiento y el Ministerio de Cultura, comenzó a pasar del asombro a la hostilidad encubierta. «Aquello parecía un ambulatorio», comentó un funcionario al autor de este libro durante la investigación periodística que desencadenó el escándalo en la mayoría de los medios informativos. Algunos días, Juan Guerra fue el único destinatario, exclusivo, de las visitas recibidas en la dependencia oficial. En abril de 1990, cuando, el miércoles y el jueves santo, Alejandro Rojas-Marcos y Soledad Becerril fueron llamados para examinar los libros de registro, llegaron a contabilizar hasta treinta y cincuenta visitas —anotadas con la palabra «particular» en el apartado sobre la naturaleza de la reunión— en un solo día de noviembre de 1988. Muchas más de las que Becerril solía recibir en su despacho cuando era ministra de Cultura, entre 1981 y 1982.

De todas formas, será realmente imposible saber absolutamente quiénes visitaron a Juan Guerra en aquel despacho-ambulatorio-oficina de favores. Porque, además de las lagunas guadianescas del libro de registro, el hermano del vicepresidente disponía de un juego de llaves. Llaves del despacho, de la puerta principal del edificio y del garaje oficial, donde guardaba a veces sus propios coches, aunque frecuentemente se desplazaba en un automóvil oficial de la delegación, de color azul claro, conducido por un chófer llamado Cándido, adscrito al organismo, y a veces por José Antonio Bellamy, conductor-guardaespaldas del vicepresidente en Sevilla, y luego socio de su hermano en algunas de las empresas creadas por éste.

Los coches de Juan Guerra cambiaban, de todas formas, con frecuencia. Primero utilizaba un Audi. Luego se le vio en un Suzuki. Posteriormente cambió a uno más modesto, un Peugeot 205. Algunas veces llegó a tener los tres a la vez guardados en el garaje oficial. En los últimos tiempos condujo otros modelos, incluido un llamativo Nissan de tipo *ranger*, de los que se utilizan para ir por el campo. Los funcionarios, que solían bromear con él cuando le veían cambiar de auto —«¿Coche nuevo, eh?», le decían, y él contestaba, con buen humor, parodiando el anuncio televisivo: «No,

Durante la etapa de Leocadio Marín como delegado, desde finales de 1982 hasta 1985, Juan Guerra gozó de una relativa aceptación por parte del titular del organismo. Marín era, y es, un militante extremadamente disciplinado, sabedor de que ha de ir donde se le ordene y acatar aquello que se le diga por parte de quien puede decírselo.

El sucesor de Leocadio Marín en la delegación del Gobierno en Andalucía, Tomás Azorín, un político bastante más oscuro, tomó de otro modo la vecindad del «hermanísimo», y desencadenó un clima que terminó siendo francamente hostil.
(En la foto, Alfonso Guerra y su hermano Juan con Tomás Azorín, 1985.)

Rally»—, murmuraban que el Nissan obedecía a la existencia de una finca recién adquirida por el asistente. Según su propia declaración —abril de 1990—, su hermano Alfonso le preguntó alguna vez por los coches que conducía, cuyo escalón más llamativo fue un Mercedes 300 de color oscuro.

Entre los funcionarios, la presencia de Juan Guerra terminó siendo vista, salvo excepciones, como la de un comisario político poco deseado. El personal de la delegación, un colectivo acostumbrado a la mentalidad estamental y enraizado mayoritariamente en el concepto de casta que suelen tener los profesionales de la Administración pública, entendía que el hermano del vicepresidente ejercía funciones poco claras y recelaba de sus verdaderas competencias, aunque el afectado interfería más bien poco en el trabajo cotidiano del organismo y se comportaba con exquisita amabilidad. Simplemente, al cuerpo de funcionarios le resultaba molesto ver cómo se introducía en el despacho del delegado sin previa petición de audiencia, o cómo utilizaba con prioridad el télex y el fax de la delegación, habitualmente para conectar con el palacio de la Moncloa. Las continuas visitas que recibía eran, de otra parte, motivo de runrún entre los funcionarios, que comenzaron a divulgar a pequeña escala la presumible existencia de un entramado de intereses ajenos al trabajo de secretaría particular que teóricamente desempeñaba el que ya se empezaba a conocer como «el hermanísimo», en una clara referencia paródica a ciertos personajes de la parentela franquista.

Los tres delegados que conoció Juan Guerra durante el tiempo que utilizó —se podría escribir *disfrutó*— el despacho mantuvieron un talante diferente respecto a su presencia, dentro de una tónica general de aceptación forzada. Tanto Leocadio Marín como Tomás Azorín y Alfonso Garrido desconfiaban en el fondo de aquella especie de «adherencia administrativa» que había surgido en sus dependencias, pero también conocían la clase de personaje de que se trataba y la procedencia de la recomendación que le había situado allí. Juan Guerra era, en resumen, un *intocable*, un protegido, ante cuyas injerencias los delegados hubieron más de una vez de apretar los dientes y dejar hacer. Pero la disposición que mostraba cada uno de ellos fue matizadamente distinta.

Sin duda fue Tomás Azorín el más beligerante. Durante la etapa de Leocadio Marín, desde finales de 1982 hasta 1985, Juan Guerra gozó de una relativa aceptación por parte del titular del organismo, al que Rafael Delgado había ordenado la apertura del despacho. Marín era, y es, un militante extremadamente disciplinado, sabedor de que ha de ir donde se le ordene y acatar aquello que se le diga por parte de quien puede decírselo, en aras de su disponibilidad absoluta al proyecto socialista. Marín aceptó ir a la presidencia de la Cruz Roja en un momento en que este cargo era una completa incógnita, consciente de que le esperaba un trabajo sumamente poco grato y que le iba a suponer un alejamiento real de la política activa. Aceptó porque se lo pidió Alfonso Guerra, y punto. Luego, el vicepresidente le volvió a pedir que presidiera el PSOE andaluz tras la defenestración de Borbolla, y volvió a aceptar, esta vez esperanzado en su nominación como candidato a la Junta en 1990. Pero Marín es un político demasiado sincero, y le perdió su creencia de que el origen del «caso Juan Guerra» era perfectamente legítimo o, en todo caso, imposible de ser ocultado.

Aunque resulte digresiva, la chispa que liquidó a Marín como presidenciable andaluz es altamente significativa sobre el funcionamiento de las relaciones internas de poder que controla Alfonso Guerra. A las pocas semanas de estallar la polémica sobre los negocios del hermano del vicepresidente, en pleno mes de enero, los socialistas andaluces celebraban unas jornadas sobre asistencia municipal en el hotel Los Lebreros de Sevilla. Era fin de semana y, por tanto, una ocasión propicia para que, en situación políticamente tranquila, Guerra presidiese la clausura. Pero el hombre no estaba para bromas, en pleno huracán de revelaciones públicas sobre su hermano, y en su lugar asistió la plana mayor del partido en la comunidad, encabezada por Carlos Sanjuán y el propio Leocadio Marín, a la sazón todavía presidente de la Cruz Roja.

Se trataba de un encuentro que tenía morbo informativo, y así se planteó en las redacciones de los periódicos y medios informativos con sede en Sevilla. En *Diario 16* de Andalucía, esa mañana, el consejo de redacción decidió enviar a un periodista, Alfredo Martínez, para interrogar a Leocadio sobre el origen del despacho de Juan Guerra. Martínez aceptó el encargo con la conciencia de que iba a obtener una evasiva o un *no comment*, pero se presentó en Los Lebreros y buscó al ex delegado del Gobierno.

En aquellos momentos, Marín estaba con un grupo de dirigentes del partido charlando de pie en un pasillo. Alfredo Martínez le hizo una seña de que se apartara para hablar con él. La senadora Amparo Rubiales, secretaria de imagen del PSOE andaluz, se dio cuenta de que había peligro y trató de apartar a Leocadio indicándole que tenía un cometido en la secretaría de las jornadas. Pero Marín se desembarazó de ella con la mayor naturalidad. «Un momento, atiendo a Alfredo y en seguida subo», le dijo a Rubiales.

Ésta optó por quedarse. Martínez fue al grano, al percatarse de que no tenía tiempo para poner en situación a su interlocutor. Ante su sorpresa, Leocadio Marín dijo a la primera pregunta, bajo la mirada fulminante de Amparo Rubiales, que el despacho había sido abierto porque así se lo había pedido el secretario de Alfonso Guerra, Rafael Delgado, y que éste le había indicado que trabajaría allí como asalariado del PSOE. En ese momento, Rubiales le cogió por el brazo y le sacó de allí musitando excusas.

En seguida que se publicaron sus declaraciones —que esa misma tarde repitió al menos a dos medios más, con absoluta contumacia, y a través de la COPE llegaron de forma inmediata al palacio de la Moncloa—, el papel de Marín como presidenciable se desinfló. Los guerristas de la ejecutiva interpretaron —la voluntad de Alfonso Guerra, como se verá, es más interpretada que expresa— que Leocadio había demostrado cuando menos que su naturalidad para aceptar algo que consideraba normal le había perdido. Probablemente lo que le perdió fue más bien el deseo de agradar al vicepresidente asumiendo algo que, según la sentencia de los guerristas, «no tenía por qué asumir». Una vez más funcionó la falta de criterios precisos habitual en el entorno de Guerra. Con un tipo así, tan dado a los prontos, venían a decir los *aparatchiks* andaluces, no tiene Alfonso garantías suficientes. No en vano, Marín había predicado desde el principio que la crisis de Borbolla debía hacerse de una forma suave y, si era posible, pactada con el interesado.

Durante su mandato como representante del Gobierno en Andalucía, Leocadio Marín, en cuyo despacho dimitió Rafael Escuredo una tarde de febrero de 1984, aceptó mal que bien la interferencia de Juan Guerra, que manejaba y retocaba incluso los informes oficiales a su hermano. Pero su sucesor, Tomás Azorín, un político bastante más oscuro, tomó de otro modo la vecindad del «hermanísimo», y desencadenó un clima que terminó siendo francamente hostil.

Azorín tuvo sobre sí dos polémicas de signo inquietante durante su mandato. La primera afectó a su vida personal, toda vez que trasladó consigo, desde Almería, a una secretaria llamada María Dolores con quien era obvio que mantenía una intimidad extraprofesional. De hecho, María Dolores se quedó a vivir en la casa oficial del delegado, una privilegiada vivienda habilitada en la propia torre Sur de la plaza de España. El desliz, que llegó a los periódicos en voz baja, le colocó en situación más bien difícil para quejarse de la incomodidad de su huésped. El segundo tropezón fue de orden político, al escapársele, en un almuerzo con periodistas, la frase «vamos a meter a Pujol en la cárcel», refiriéndose al asunto Banca Catalana. Esto era en abril de 1986, la frase se publicó en *Diario 16*, que por su gravedad decidió saltar el tácito *off the record* de aquel almuerzo, y Azorín se consideró desde entonces virtualmente cesado en cuanto hubiera una coyuntura que permitiera enmascarar el relevo.

Pero la desgracia del delegado almeriense no provino sólo de aquel desafortunado desahogo verbal. Azorín decidió enfrentarse con las injerencias de Juan Guerra, que por aquellas fechas ya había dado el salto cualitativo de la condición de *conseguidor* a la de *visitador*. Es decir, que había empezado a dedicar para sí una parte del esfuerzo que hasta entonces realizaba para otros, fueran quienes fueren. Esto lo supo Azorín y, harto de soportar la existencia de un auténtico delegado paralelo, decidió obrar de acuerdo con su conciencia y poner en conocimiento del vicepresidente algunas de las cosas que, a su juicio, debía saber. Una tarde de viernes, el delegado del Gobierno hizo saber a algunos colaboradores que Alfonso Guerra iba a llevarse en cuanto bajara del avión un sobre que acababa de preparar. El sobre contenía un informe escrito de algunas actividades particulares de Juan, en especial sobre ciertos problemas laborales en una empresa que dieron origen a una orden de embargo, en cuyo proceso el juez se había dirigido a la delegación, bajo el mandato de Leocadio Marín. Los problemas de embargos de Juan Guerra eran notables, y dieron lugar a más de un exhorto judicial dirigido, por partida doble, al Gobierno Civil y a la delegación del Gobierno. Azorín entregó aquel sobre a Alfonso Guerra en el aeropuerto, y jamás recibió contestación de ninguna clase. Era suficiente para que no hubiese segundo informe.

Azorín cambió entonces de estrategia. Personalmente, y a través de algún colaborador, filtró a la prensa su malestar con los movimientos de Juan Guerra. Estas filtraciones provocaron algunas notas y comentarios —el autor estuvo entre los columnistas que se apuntaron a denunciar el asunto—, incluso un editorial a raíz del ya famoso incidente en el aeropuerto con el vicepresidente de la Junta de Andalucía, José Miguel Salinas. Juan Guerra, a gritos y en presencia de numerosos periodistas que habían acudido a recibir a Borbolla de un viaje al extranjero, abortó una rueda de prensa que Salinas iba a convocar arguyendo que la sala de autoridades del aeropuerto iba a ser utilizada por el vicepresidente del Gobierno, que llegaba de Madrid en su habitual vuelo IB-511. Ante la sorpresa de todos, los miembros de seguridad y funcionarios del aeropuerto, encabezados por su director, obedecieron a Juan Guerra, que utilizó duras voces contra Salinas, una de las posteriores víctimas del acoso político a Borbolla.

Por todo esto, uno de los interrogantes que más ha sorprendido en los medios políticos andaluces a raíz del vertigi-

Rafael Escuredo, el ex presidente de la Junta de Andalucía, se convirtió, desde su despacho de Madrid, en el abanderado de la teoría del «pelotazo», es decir, del golpe especulativo que permite a un ciudadano hacerse rico de la noche a la mañana sin efectuar por medio actividad productiva alguna.

De la mano ágil de Rafael Escuredo, la empresa Construcciones y Contratas, de los famosos «Albertos» —Alberto Cortina y Alberto Alcocer— logró que el Plan General de la ciudad de Sevilla convirtiese en urbanizables 50 000 metros cuadrados de suelo calificado como zona verde, y sobre los que existían proyectos municipales para su conversión en parque público.

noso desarrollo del «caso Juan Guerra» ha sido que se recibiera como novedad la historia de la existencia del despacho. Este factor ha permitido que algunos dirigentes socialistas apoyasen la teoría de la «campaña orquestada», suscrita por el propio vicepresidente en su intervención parlamentaria del 1 de febrero de 1990 y en el mitin de Sevilla veinticuatro días después. La existencia del despacho de la plaza de España era tan conocida que en el libro *La rosa y el capullo*, escrito y publicado a finales de 1989, es decir, antes del escándalo, el periodista Pedro J. Ramírez cuenta la respuesta que María Luisa de Pedro, esposa del alcalde sevillano, Manuel del Valle, dio a su pregunta sobre la condición o calidad que permitía a Juan Guerra disfrutar de esta oficina.

—¿Pues en qué calidad va a ser? En calidad de hermano de «Arfonso»...

Realmente, pues, lo novedoso del escándalo no fue tanto la existencia del famoso despacho, sino la evidencia progresiva de que había sido utilizado con fines de lucro personal para la realización de actividades diferentes a las de la asistencia operativa al vicepresidente en sus viajes a Sevilla. Esta evidencia, aunque intuida por numerosos periodistas, políticos y funcionarios de Sevilla en los últimos años, no se hizo patente al menos hasta que aparecieron las primeras denuncias basadas en el dossier que Ángeles López Rubio entregó a Fraga. Sólo cuando comenzaron a aparecer pruebas de que el beneficiario del despacho oficial había tejido un entramado financiero de notable amplitud, y con probables ramificaciones exteriores a su patrimonio personal, comenzó a difundirse la polémica que hoy se conoce como «caso Guerra». En este aspecto fue decisiva la constancia de la intervención de una institución oficial, el ayuntamiento de Barbate, en una operación directa del propio «hermanísimo». Fue también entonces cuando se inició el rosario de denuncias y revelaciones —buena parte de las cuales no ha saltado a los medios de comunicación— que engordaron la certidumbre de la existencia del formidable ovillo enrollado a lo largo de varios años hasta formar un verdadero colchón. El colchón de seguridad.

De todos modos, el «caso Juan Guerra» y sus ramificaciones a otros dos hermanos asimismo enriquecidos por la vía rápida y especulativa —Adolfo y Antonio— no podría entenderse sin la previa comprensión de su contexto social. Además de la ya expuesta solidaridad inicial, engendradora de un equívoco político y legal que, a la postre, ha sido el factor que ha minado el prestigio del vicepresidente, el proceso de enriquecimiento personal de tres de sus hermanos tiene sus raíces en la extensión de un clima moral sumamente relajado en el aspecto económico, que en los últimos años ha caracterizado el desarrollo y la vida de una ciudad tradicionalmente muy cerrada, como es Sevilla. La capital andaluza, sumergida durante décadas en un marasmo económico, cultural y social, azotada por la crisis y el desempleo y dominada por estructuras clásicamente oligárquicas, atisbó de pronto la perspectiva de la efemérides de 1992 como una ruptura alborozada del modelo preexistente, de tal manera que cundió con rapidez la idea de que se trataba de la última oportunidad del siglo y, probablemente, de varios siglos más.

Este clima milenarista fue auspiciado desde el comienzo de la década por las autoridades socialistas, a base de triunfalismo y de autocomplacencia. Desde el presidente González hasta el alcalde de Sevilla, Manuel del Valle, pasando muy especialmente por los directivos de la Exposición Universal de 1992 —donde el santanderino Jacinto Pellón ha destacado en el papel de difusor de esta especie de mesianismo económico— y la cúpula del Gobierno andaluz, la mayoría de los dirigentes del PSOE han insistido reiteradamente en un modelo de desarrollo regional que pasaba por dos parámetros fundamentales: la potenciación de inversiones públicas, sobre todo en infraestructuras, y la creación de un marco de relaciones económicas apto para el enriquecimiento de todo aquel que tuviera pretensiones, cierta capacidad de desarrollo y reflejos para aprovechar la bonanza generalizada.

De forma solapada, el discurso oficial venía a unir ambos elementos, en el sentido de que la principal vía para acceder al amplio caudal económico en circulación era participar en el esfuerzo inversor de las instituciones, a través de la realización de obras y la concesión de contratas. El Estado, en sus diversos niveles administrativos, ha sido en la década de los ochenta el principal inversor en Andalucía, donde la estructura empresarial está muy atomizada y, excepción hecha de Sevillana, Abengoa, Cruzcampo, Uniasa y alguna más, no existen apenas entidades de gran potencia industrial. La continua apelación a la alegría inversora, yuxtapuesta a los cantos reiterados sobre la expansión económica, suponía la sutil unión de ambos discursos en el campo semántico que más podía interesarle al PSOE, por cuanto ofrecía de posibilidades de afianzamiento y liderazgo mercantil. El discurso, en suma, venía a resumirse en una frase de Felipe González pronunciada en 1986: «Fuera del PSOE hace mucho frío.» Es decir, que el que quisiera prosperar tenía que someterse a las reglas dictadas desde la Administración como principal agente de activación inversora. La propuesta, dada la profusa divulgación de las expectativas abiertas con la Expo 92, constituía una invitación clara para cualquier ciudadano dispuesto a no dejar pasar el sueño del progreso rápido.

En este clima de fomento especulativo liderado desde las instituciones, la figura de los intermediarios se convertía en pieza clave. Por su endémico desarrollo económico, cultural y administrativo, Andalucía es una de las zonas españolas en que más y mejor pervive la cultura del favor, el atajo como método industrial, un reflejo que coexiste en la cúpula económica tanto como en los estratos más bajos de la población, siempre dispuestos a la búsqueda de un amigo relacionado para «saltarse la cola», sortear los cauces de una administración de la que se desconfía también por reflejo, cargado las más de las veces de razón. Así, en plena eclosión de la inversión pública presentada con matices redentoristas, los inversores privados, foráneos o nativos, necesitaban los servicios especializados de unos «exploradores» que los internasen por los vericuetos de la todopoderosa Administración convertida en grifo máximo de dineros y oportunidades. Así surgieron numerosos despachos, gabinetes y consultoras integrados por altos funcionarios que abandonaban las oficinas públicas en busca de ganancias más pingües y rápidas y por altos cargos en situación de cesantía más o menos forzosa. Con un bagaje a veces reducido a su simple conocimiento de las personas clave en la Administración, estos nuevos traficantes de influencias se dispusieron a hacer su agosto.

En Andalucía, el modelo lo constituyó Rafael Escuredo. El ex presidente de la Junta se lanzó a la batalla especulativa con «dos pistoleras y una canana», según su propia expresión plasmada en una magistral entrevista del periodista Juan Teba, en 1987, que constituyó todo un retrato de época. Escuredo se convirtió, desde su despacho de Madrid, en el abanderado de la teoría del «pelotazo», es decir, del golpe especulativo que permite a un ciudadano hacerse rico de la noche a la mañana sin efectuar por medio actividad productiva alguna. Se trataba sobre todo de vender algo, una propiedad heredada o recién adquirida, un terreno milagrosamente recalificado, una empresa revalorizada merced a informaciones sólo obtenibles a través de personas en situación de privilegio o de suerte. Más tarde sería Mario Conde, tras la espectacular venta de Antibióticos, S. A., un modelo desarrollado de esta teoría.

Pero un buen pelotazo requiere un intermediario de postín. Los empresarios de Sevilla, por ejemplo, se hicieron lenguas de envidia cuando se divulgó la operación de recalificación de los terrenos adyacentes al estadio Sánchez Pizjuán, situados en el barrio de Nervión, la zona de mayor expansión terciaria, una especie de paseo de la Castellana en versión hispalense. De la mano ágil de Rafael Escuredo, la empresa Construcciones y Contratas, de los famosos «Albertos» —Alberto Cortina y Alberto Alcocer—, logró que el Plan General de la ciudad convirtiese en urbanizables 50 000 metros cuadrados de suelo calificado como zona verde, y sobre los que existían proyectos municipales para su conversión en parque público. Este formidable birlibirloque, la operación urbanística más dura registrada en Sevilla durante varias décadas, fue posible gracias a la intervención personal de Escuredo ante el ayuntamiento y la Junta de Andalucía, que se volvieron repentinamente ordenancistas cuando el propietario de los suelos, el Sevilla Fútbol Club, dudó si venderlos a los «Albertos» o al constructor Nicolás Osuna.

La eficacia del servicio de intermediarios bien colocados, y la consciencia que sobre su papel existe entre los profesionales mejor situados en los negocios de moda, se extendió pronto como una práctica no cuestionada éticamente, cuya máxima esencial era la consagración del principio de eficacia. Durante el proceso de recalificación y venta de los citados suelos del Sevilla FC, la interferencia del ambicioso constructor granadino Nicolás Osuna estuvo a punto de colocar la situación en punto muerto al provocar un contencioso entre esta inmobiliaria y Construcciones y Contratas, que había firmado un documento de opción de venta a cambio de promover la alteración —subrepticia en las formas— de la normativa legal. En ese momento, el autor de este libro, que seguía el proceso para *Diario 16 Andalucía*, se puso en contacto con el grupo de Conycon a fin de conocer su postura sobre el giro de los acontecimientos. La conversación con el portavoz del grupo, el periodista Fernando González Urbaneja, se desarrolló en los siguientes términos:

—¿Qué harían ustedes si hay contencioso?

—Pues tendremos que buscar un abogado.

—¿No utilizarían a Rafael Escuredo?

—No, hombre, por favor. Escuredo está bien para abrir ciertas puertas, para desayunar o comer con alguien, ¿no? Pero para un pleito de esta clase tendríamos que buscar a un abogado especialista...

Efectivamente, Escuredo comió con alguien. En un almuerzo celebrado en el restaurante La Dorada, de Madrid, el ex presidente andaluz, el ejecutivo de Conycon Rafael Montes y un arquitecto vinculado a la operación informaron tajantemente al asombrado presidente del Sevilla FC, Luis Cuervas, de que el ayuntamiento de Sevilla, con absoluta seguridad, estaba dispuesto a no tomar resolución alguna sobre la recalificación si se producía un pleito por la propiedad de los terrenos. Como el acuerdo sobre la venta era paso previo para que el club de fútbol pudiese acceder al cobro de cualquier cantidad a cuenta, Cuervas hubo de avenirse al pacto con los «Albertos», si bien éstos incrementaron el precio fijado ante la «buena disposición» del responsable sevillista. Las comidas de Escuredo producían fulminantes resultados comerciales.

En otra ocasión, el ex consejero de Salud de la Junta de Andalucía, Pablo Recio Arias, acuñó una frase absolutamente definitoria del nuevo estado de cosas. Recio, médico de profesión, se había convertido en empresario tras su paso por la Junta, sin otro reciclaje que el de «haber manejado un presupuesto de 144 000 millones de pesetas», según su propia expresión. Interrogado acerca de la proliferación de altos cargos que se convertían en intermediarios de inversiones, el ex consejero dijo ante este periodista una frase de la que después se arrepentiría al verla en letra impresa:

—Sevilla en estos momentos es un filón, y no comprendo cómo no hay más gente que se dé cuenta.

La realidad es que sí la había. Lo que sucedía es que esa otra gente había comenzado a descubrir otras vías, y que la nómina de exploradores con experiencia proliferaba hasta convertirse en competitiva. José Miguel Salinas, por poner otro ejemplo, ya había tomado contacto con el libanés Reda Alaywan, afincado en Marbella, para la construcción de un parque de atracciones que debía subvencionar la Consejería de Fomento que él había abandonado poco antes...

En este clima trabajaba Juan Guerra González. Sus relaciones con el aparato financiero del PSOE le ponían en el disparadero mientras contemplaba, desde su privilegiado observatorio, cómo un torrente de dinero público pasaba por las cañerías de la Administración camino de las cuentas corrientes de los especuladores. Por lo demás, su fama de conseguidor había trascendido los límites del partido y le llevaba hasta la plaza de España a algunos empresarios interesados en acelerar ciertos trámites o en lograr una comprensión más benevolente por parte de algunos alcaldes, directores generales u otros gestores públicos. Su hermano Adolfo, nombrado en 1983 ejecutivo del mercado central Mercasevilla, había recibido también emisarios dispuestos a efectuar compensaciones a cambio de favores que siempre eran presentados como algo absolutamente legítimo. «Sólo habíamos pensado que quizá si usted hablara o nos acompañara podría haber mayor atención para nuestro proyecto, siempre en igualdad de condiciones...» Todo estaba listo para el salto cualitativo. El que iba a convertirle de conseguidor en visitador.

# «Un spagnolo molto pericoloso»

*Una carta con nota al margen: «Pepote, para que aprendas» • Nerio Nessi conoce en Suresnes a un español «molto pericoloso» • El «cortijo» del PSOE • Los poderes vicarios de Guerra • El acoso a Borbolla • Gracia o la discordia • «Muy deportivo te veo» • Un hombre llamado Caballos • «¿Y quién va a ser el secretario general?»*

Aquella mañana de junio de 1984, en su despacho del palacio sevillano de Monsalves, José Rodríguez de la Borbolla palideció al ver la carta con membrete de la Vicepresidencia del Gobierno. El presidente de la Junta de Andalucía, apenas cien días después de estrenado el cargo en el que había sustituido al dimisionario Rafael Escuredo, convocó inmediatamente a todo su *staff* con graves gestos de alarma y mostró a sus asesores la misiva con el ademán de quien va a ser ejecutado tras una crisis inevitable.

La carta, que durante algún tiempo estuvo guardada en la caja fuerte de la presidencia andaluza, estaba firmada por Olimpia Núñez, de la secretaría del vicepresidente del Gobierno, y tenía un tono de clara insolencia disfrazado bajo el protocolo burocrático. En el más distante lenguaje oficial, lleno de tratamientos ceremoniosos y frases corteses, la secretaria Olimpia Núñez le comunicaba al excelentísimo señor presidente de la Junta de Andalucía que su director general, ilustrísimo señor Julio Artillo, portavoz del ejecutivo autonómico, había infringido gravemente el uso protocolario al remitir directamente al excelentísimo señor vicepresidente del Gobierno un dossier informativo sobre los primeros cien días de actuación del nuevo gabinete autonómico andaluz, acompañado de un saluda personal. Olimpia Núñez comunicaba al excelentísimo señor presidente de la Junta el hecho en la seguridad de que era desconocido para él, y le recordaba las normas de protocolo vigentes en las relaciones con la Vicepresidencia del Gobierno.

Pero lo que había preocupado a Borbolla hasta el extremo de convocar casi un gabinete de crisis no era tanto la fría insolencia de una secretaria de Alfonso Guerra, sino una anotación escrita a mano en el margen de la carta. Decía así: «Pepote, para que aprendas cómo se hacen las cosas. Alfonso.»

Por supuesto que la carta no tuvo respuesta. La única que hubiera aceptado Alfonso Guerra habría sido el cese del portavoz que se atrevió a mandarle un saluda y un dossier por iniciativa propia. Aquél no era el primer sapo que Rodríguez de la Borbolla tenía que tragarse de manos del vicepresidente del Gobierno, ni mucho menos iba a ser el último. De modo que optó por dejarlo pasar, permitiendo que Julio Artillo atravesara uno de los peores ratos de su vida. También le quedaban algunos cuantos más.

La anécdota viene a ilustrar uno de los aspectos más duros y difíciles del poder de Alfonso Guerra y su particular manera de ejercitar el mando. Aunque aparentemente pueda parecer un asunto desconectado del hilo argumental de este libro, se trata, en realidad, de uno de sus elementos cruciales. Porque el poder de Guerra en Andalucía, con su estructura vicaria, delegada y dispersa, y la forma consciente en que fomenta una obediencia basada en el miedo y la ambigüedad constituyen un factor clave en el entendimiento de la realidad que hizo posible que tres de sus hermanos accediesen desde el paro y la crisis a unas fortunas nada desdeñables a partir de su contacto con las diversas esferas de la Administración. Sólo en un clima político dominado por un temor reverencial, y centralizado en la voluntad omnímoda y casi nunca expresa de una sola persona, podía darse tan difícil unanimidad a la hora de aceptar y permitir las maniobras que Juan, Adolfo y Antonio Guerra realizaron a su antojo durante los años cenitales del poder socialista.

El miedo es, probablemente, el factor común que más unió a los cargos públicos y funcionarios que fueron alguna vez «tocados» por Juan Guerra o por alguno de los otros hermanos. La falta de claridad procedimental, la oscuridad deliberada que rodeaba las actividades de Juan desde los tiempos de la reconstrucción del partido y la extensión de una atmósfera de temor ante la concentración progresiva y absoluta de poder por parte del vicepresidente, tanto en el Gobierno como en el PSOE, convirtieron al llamado «hermanísimo» en un emisario fantasmal del que nunca podía saberse a ciencia cierta el alcance de sus peticiones ni la identidad de sus verdaderos beneficiarios. Lo único que estuvo claro para todos aquellos que le tuvieron alguna vez ante sus mesas de trabajo era el mensaje que él transmitía de la manera más ambigua posible: que se trataba del hermano de Alfonso Guerra. Es decir, el hermano del hombre más poderoso de España.

En 1974, en Suresnes, el entonces militante socialista Luis Alonso Novo presentó a Alfonso Guerra a un hombre que posteriormente llegaría a mantener una importante amistad con el político español. Se trataba de Nerio Nessi, uno de los principales representantes del socialismo italiano, luego presidente de la Banca Nazionale del Lavoro, padrino de la hija de Guerra y contacto esencial del PSOE con el *lobby* itálico en la Internacional Socialista. Novo, según él ha contado posteriormente, se dirigió a Nessi con una broma de camaradería para definir a aquel sevillano enjuto de aspecto que ya había dado quebraderos de cabeza en el congreso al urdir el famoso pacto con los socialistas vascos: *«Nerio, ecco Alfonso Guerra, un spagnolo molto pericoloso.»* Aún no sabía el ahora ex militante del PSOE lo «peligroso», en el buen y en el mal sentido, que habría de resultar Alfonso Guerra en un futuro no demasiado lejano.

Pero si Guerra, el vicepresidente, goza —y el término no es aleatorio, sino pleno de significado, porque realmente le produce un gran placer— de un poder centralizado y omnímodo en la mayoría del territorio nacional y en gran parte de las esferas de la vida pública, en Andalucía su influencia alcanza proporciones de virreinato a distancia. Guerra siempre ha tenido muy claro que la raíz de su poder consiste en el control del partido allí donde él tiene los resortes más a mano, en el punto neurálgico donde siempre podrá batirse, en caso de crisis, con la espalda protegida por una sólida pared, como los héroes de las películas de capa y espada. Desde que comenzó junto a Felipe González el asalto al poder del Partido Socialista, y luego del Estado, Alfonso Guerra ha procurado cuidar como su propia casa el funcionamiento de la organización andaluza, vigilando de modo muy particular y pormenorizado todo lo que sucede en la de Sevilla.

De forma despectiva, la oposición política y la prensa más conservadora han bautizado este empeño por dominar vertebralmente el territorio político andaluz comparando a éste con un «cortijo» del PSOE. Se trata de una simplificación indudablemente gráfica, pero alicorta, del verdadero proyecto que late bajo esa densa impregnación del tejido social puesta en marcha desde antes de la llegada al poder, y consolidada de manera formidable durante los siete años largos que los socialistas llevan instalados en el corazón del Estado.

El control político en Andalucía permite a Alfonso Guerra y, por extensión, al PSOE, asentar una esencial fuerza básica en el terreno electoral y articular una maquinaria orgánica desde la que plantear la reconquista del poder en el caso de una eventual derrota. Las elecciones de octubre de 1989, en las que los socialistas alcanzaron una victoria holgada, pero mucho menos brillante que en las dos convocatorias precedentes, pueden servir de ejemplo del primero de los aspectos. Con un amplio retroceso en las grandes ciudades, el PSOE barrió literalmente en la Andalucía rural, la llamada Andalucía profunda, donde su implantación orgánica, el mecanismo del subsidio de desempleo y el dominio de toda la trama institucional e inversora le permitieron convertirse en recipiendario de un voto de raíz conservado-

**Nerio Nesi, uno de los principales representantes del socialismo italiano, luego presidente de la Banca Nazionale del Lavoro, es padrino de la hija de Guerra y contacto esencial del PSOE con el «lobby» itálico en la Internacional Socialista.**

**Guerra, hombre de carácter difícil, carece prácticamente de amigos. Sus peones de confianza directa, de primer plano, se cuentan asimismo «con los dedos de una oreja», según el decir andaluz, de forma que, a su alrededor, lo más cercano que parece existir es un halo de miedo.**

**La seguridad del apoyo de la militancia andaluza otorga una importante fuerza numérica en los congresos del partido, cuyo desarrollo, vital para el dominio del aparato orgánico, maneja Alfonso desde hace años con innegable virtuosismo, apoyado, entre otras cosas, en el 32 % del total que representa la organización andaluza.** (En la foto, IV Congreso del PSOE de Andalucía en Sevilla, 1985.)

ra que fue definido como «voto cautivo» por la dificultad que entraña cambiarlo para una fuerza que no esté previamente instalada en las instituciones. Y como para estarlo hay que conquistar precisamente ese voto dependiente, el entramado termina adquiriendo un carácter absolutamente diabólico para quien pretenda romperlo.

De otro lado, lo que Guerra siempre ha temido es la desarticulación del partido en caso de derrota. De ahí su obsesivo interés en la ocupación progresiva de nuevos territorios de poder extrapolítico, que incluyen desde entidades bancarias o de ahorro hasta plataformas cívicas o culturales. Esta labor, francamente difícil en escenarios mal conocidos, se muestra mucho más abordable en Andalucía, donde el sustrato sociológico es permeable a la izquierda, la articulación civil es inexistente —sólo las cofradías de Semana Santa tienen una cierta virtualidad al respecto— y el partido, por razones históricas a las que no es ajeno el propio Guerra, posee una implantación francamente aceptable. Por último, la seguridad del apoyo de la militancia andaluza otorga una importante fuerza numérica en otro de los terrenos políticos en que mejor se mueve el número dos del PSOE: los congresos del partido, cuyo desarrollo, vital para el dominio del aparato orgánico, maneja desde hace años con innegable virtuosismo, apoyado, entre otras cosas, en el treinta y dos por ciento del total que representa la organización andaluza. Asegurándose el control de Andalucía, Extremadura —cuyo presidente, Juan Carlos Rodríguez Ibarra, fue compañero de curso de Guerra— y Castilla-La Mancha, el «hombre fuerte» del partido tiene prácticamente dominada la mayoría de cualquier congreso federal.

El instrumento de control utilizado por Alfonso Guerra para articular esa enorme potencia política que es Andalucía lo constituye, desde luego, el propio Partido Socialista, a través de su organización regional. Mediante el aparato del PSOE, el vicepresidente se asegura el control de las instituciones, toda vez que ha impuesto un rígido sistema de nombramientos basado en el más estricto dogmatismo. De este modo, el partido es el proveedor casi único de los cargos de la Administración pública de libre designación, lo que le otorga un gigantesco poder de absorción social. A lo largo de los sucesivos rifirrafes habidos con dirigentes más o menos reticentes al acatamiento exclusivo de esta norma —entre ellos, Escuredo y Rodríguez de la Borbolla—, Guerra ha logrado que, en aquellos casos en que sea propuesto un candidato no militante, la organización goce, si no del derecho de veto, sí al menos del privilegio de comunicación previa. El partido tiene, pues, la sartén del poder público sujeta por el mango, y en aquellas ocasiones en que alguien ha lanzado un pulso al aparato ha terminado dando su brazo a torcer de uno u otro modo.

De hecho, la mayoría de los debates, polémicas o disidencias internas se han debido, de una u otra manera, a la resistencia de algunos dirigentes a someterse al rígido control del partido. Con la llegada del PSOE a esferas de poder legitimadas democráticamente de forma directa, es decir, respaldadas por la elección directa de los ciudadanos, surgieron de inmediato recelos de algunos dirigentes hacia la necesidad de someterse de modo estricto a una organización que no siempre resultaba comprensiva con las necesidades o prioridades de la gestión institucional. En este sentido, los roces entre alcaldes, dirigentes autonómicos y otros responsables públicos con los diferentes aparatos territoriales han sido una constante en todo el país, y de manera significada en Andalucía. En esta región, sin embargo, también ha habido otra constante que no siempre se ha cumplido en el resto de España: en todos esos casos, ha ganado el partido. O, más exactamente, ha ganado Alfonso Guerra.

El empeño de Guerra en mantener este axioma ha sido terminante. Alfonso consiguió de Felipe González que éste, en el muy conocido y desmenuzado reparto de papeles cuyo éxito resultó definitivo para la consolidación socialista en el poder, le confiara de manera excluyente el control interno del partido, esa «cocina» en la que tan a gusto dice sentirse. Allí, Guerra ha cocinado los platos a su gusto y antojo, con poderes plenipotenciarios rara vez contradichos. Si algún pinche se le ha resistido, el «cocinero» no ha dudado jamás en meterlo en el horno junto con el asado de turno.

Ahora bien, este peculiar chef gusta de un procedimiento poco habitual, como es el de no especificar nunca las reglas del juego. Guerra, hombre de carácter difícil, carece prácticamente de amigos, como han atestiguado varias decenas de personas, la mayoría miembros del PSOE, durante la encuesta que ha servido de base a la elaboración de este libro. Sus peones de confianza directa, de primer plano, se cuentan asimismo «con los dedos de una oreja», según el decir andaluz, de forma que, a su alrededor, lo más cercano que parece existir es un halo de miedo que le rodea como el círculo de tiza con que García Márquez simbolizó en *Cien años de soledad* el alejamiento ensimismado del carismático coronel Aureliano Buendía.

Desde este plano de deliberado aislamiento, Alfonso Guerra emite por lo general un ambiguo e intermitente mensaje, excepto cuando se trata de cuestiones electorales, campo en el que actúa con iniciativa expresa, deliberada y contundente. Pero, por lo general, casi nadie sabe con exactitud qué es lo que Guerra piensa acerca de determinado asunto. Esta ambivalencia, que sus compañeros de grupo teatral recuerdan como una de sus más características armas defensivas, le permite mantener una abusiva distancia con sus subordinados, es decir, en la práctica con todo el Gobierno y todo el partido. Si alguien de su cuerda se equivoca en la interpretación de los signos que deja entrever, directamente o a través de su escasísimo entorno humano, la respuesta política que merezca su acción por parte del vicepresidente le permitirá deducir si acaba o no de caer en desgracia. Esto fue, más o menos, lo que le sucedió a Leocadio Marín cuando quiso asumir con naturalidad la creación del despacho de Juan Guerra en Sevilla.

Claro que esta especie de Gran Hermano que todo lo vigila —excepto, según sus propias palabras, las actividades de su hermano pequeño— no siempre resulta tan misterioso. En algunas ocasiones prefiere sacar a relucir el genio, acaso para demostrar de vez en cuando la ira de Dios o, simplemente, porque también a él le traicionan a veces los nervios. José Luis Gutiérrez y Amando de Miguel, en su libro *La ambición del César*, han dejado constancia de la ocasión en que llamó «cojo inútil» al mismísimo Guillermo Galeote, uno de sus peones de mayor confianza, con motivo de un fallo de éste en una cuestión protocolaria. Más dureza empleó, no obstante, con José Miguel Salinas, una de sus víctimas favoritas, en los tiempos en que éste era presidente de la diputación de Córdoba. En una discusión con testigos, Guerra llamó a Salinas «chorizo» y lo apostrofó con tal violencia que el insultado entró en una profunda crisis psicológica, durante la cual hubo de recurrir incluso a tratamiento psiquiátrico.

Pero, por lo general, Alfonso Guerra suele resultar cotidianamente impreciso. Casi todos los que tienen ocasión de tratarle con frecuencia, incluidos los miembros del llamado «Sanedrín andaluz» —los diputados Carlos Sanjuán, Alfonso Lazo, Ramón Vargas Machuca, Rafael Ballesteros, Carlos Navarrete y Luis Yáñez, más el ministro Manuel Chaves— y dirigentes institucionales como el presidente de la diputación sevillana, Miguel Ángel Pino, el consejero autonómico Jaime Montaner y el alcalde de Sevilla, Manuel del Valle, saben bien de sus frecuentes evasivas acerca de estrategias concretas o problemas determinados. «Tú verás», «allá tú», «a ver qué haces» y frases por el estilo constituyen, las más de las veces, las recetas con que responde al planteamiento de dudas de acción política o institucional. Pero el respondido sabe que, de situarse en una onda diferente a la que en realidad desea el poderoso vicetodo, puede entrar en una dinámica semejante a la de José Rodríguez de la Borbolla.

* * *

Borbolla no es que se equivocara en la interpretación de uno de esos crípticos y ambivalentes oráculos. Lo suyo fue, sencillamente, una crisis de confianza por parte de Alfonso Guerra, cimentada en orígenes diversos, en motivos acumulados a lo largo de años de trabajo en común y, probablemente, en un sustrato inicial que condenaba a ambos al alejamiento mutuo, y que no es otro que la pertenencia a un ambiente social y cultural diferente. Lo que ha pasado en los últimos años entre Alfonso Guerra y José Rodríguez de la Borbolla es, acaso, el hecho político más importante en Andalucía desde el referéndum autonómico de 1980, y resulta desde luego profundamente significativo de los tortuosos mecanismos que funcionan como soporte para sostener el inmenso poder del vicepresidente dentro y fuera del Partido Socialista.

Borbolla fue, como ya se ha dicho más arriba, el hombre elegido por Alfonso Guerra, a mediados de los años setenta, para mantener su dominio del partido en Andalucía a partir del momento en que la estrategia aconsejaba trasladar la dirección a Madrid. Procedente del PSP de Tierno Galván, el antiguo PSI, y perteneciente a una familia de rancia tradición oligárquica —su bisabuelo fue ministro de Alfonso XIII y otros antepasados ocuparon cargos en la estructura política de la Restauración—, el delfín elegido por Guerra ofrecía una adecuada preparación ideológica, un notable olfato político, suficiente capacidad de trabajo y, algo especialmente apreciado por el hombre fuerte del PSOE, una absoluta conciencia dogmática, la creencia inextinguible y leal de que su proyecto de convivencia y reforma sólo era realizable desde dentro del Partido Socialista. Esta fe civil la ha mantenido, posteriormente, incluso en momentos especialmente críticos para su persona.

Tras ascender a la secretaría regional, después de un satisfactorio paso por la dirección provincial de Sevilla, Borbolla fue encargado de controlar desde el partido la tarea del incipiente gobierno andaluz, primero en la preautonomía y luego ya en plena etapa de autogobierno formal. La discrepancia, sin embargo, no tardó en llegar. Guerra no vio con buenos ojos la presencia de su hombre de confianza en el primer gobierno autonómico de Rafael Escuredo, en 1982, porque prefería diferenciar la dirección del partido del ejecutivo regional. Una vez asumido el hecho consumado, impu-

**José Luis Gutiérrez y Amando de Miguel, en su libro La ambición del César», han dejado constancia de la ocasión en que Alfonso llamó «cojo inútil» al mismísimo Guillermo Galeote, uno de sus peones de mayor confianza, con motivo de un fallo de éste en una cuestión protocolaria.** (En la foto, Guillermo Galeote en 1981.)

**Lo que ha pasado en los últimos años entre Alfonso Guerra y José Rodríguez de la Borbolla es, acaso, el hecho político más importante en Andalucía desde el referéndum autonómico de 1980, y resulta desde luego profundamente significativo de los tortuosos mecanismos que funcionan como soporte para sostener el inmenso poder del vicepresidente dentro y fuera del Partido Socialista.**

**El propio Guerra ha comentado a dirigentes socialistas próximos a él, e incluso a algunos de los hombres de confianza de Borbolla, su mala disposición para aceptar lo que él considera nefasta influencia de Gracia Sánchez (esposa de José Rodríguez de la Borbolla), a quien los enemigos de «Pepote» llaman «la presidenta» y, con mucha más carga despectiva, «la demonia».**

so que Borbolla, en su calidad de consejero de Gobernación, fuera investido de las competencias prácticas de un vicepresidente, siendo, además, el encargado de establecer los mecanismos de coordinación de toda la estructura del poder provincial en la Junta.

Borbolla fue considerado pronto, pese a las diferencias de partida, el «comisario político» de Guerra para marcar de cerca a un Rafael Escuredo del que no se fiaba. Pero en diciembre de 1982 se produjo un acontecimiento que marcó, para muchos de los dirigentes socialistas de entonces, el comienzo de la desconfianza actual con el propio *Pepote*, origen posterior de la profunda crisis institucional abierta entre 1988 y 1990.

Sucedió que Escuredo, en una de sus clásicas fugas hacia adelante, convocó el 28 de diciembre a la ejecutiva regional, presidida por *Pepote*, y le comunicó la emisión de una nota de la presidencia en la que, en tono de virulenta soflama, se cuestionaba la voluntad del Gobierno central para dotar de competencias a la autonomía andaluza. Esta nota cayó como una bomba en la Moncloa y en la dirección federal, donde se consideró que Escuredo no había mantenido con su propio partido el margen de confianza que requería toda fuerza recién llegada al poder. El PSOE había formado gobierno menos de un mes antes, tras la consecución de su primer triunfo electoral en España.

La reacción de Guerra no se hizo esperar. Convocó a la ejecutiva andaluza en Madrid, excepto al propio Escuredo, y ordenó a la entonces secretaria de organización, Carmen García Bloise, que les echara una reprimenda. La bronca fue de órdago, y Borbolla, como responsable, se llevó la peor parte. A su vuelta, encontró las relaciones con Guerra mucho más distantes de lo que habían sido siempre, pese a que la sintonía política existente entre los dos hombres no coincidió nunca con un entendimiento personal. Pocos meses más tarde, *Pepote* y sus hombres de confianza viajaron a Madrid para intentar convencer a Guerra de que el modelo político funcionaba, pero volvieron con la convicción de que se trataba de un intento vano.

La desconfianza de Alfonso Guerra hacia Borbolla se hizo tan patente que ni siquiera estuvo clara la designación del segundo como sucesor de Rafael Escuredo, tras la renuncia de éste en febrero de 1984. Inicialmente Guerra, al que la crisis pilló volviendo de un viaje a Rusia, pensó en nombrar a una persona que no fuera miembro del parlamento andaluz, Manuel Chaves o Leocadio Marín, y así se lo comunicó al propio Escuredo en los momentos convulsos de la crisis. En esos momentos atropellados, el vicepresidente no sabía que el estatuto de autonomía para Andalucía exigía el requisito de formar parte de la cámara autonómica para acceder a la presidencia de la Junta, una enmienda que había sido defendida precisamente por Rodríguez de la Borbolla. En la tarde del 16 de febrero, mientras Escuredo regresaba de Madrid a Sevilla y Guerra hacía declaraciones ambiguas sobre su sucesor, la dirección regional designaba a *Pepote* candidato a la sucesión al frente de la Junta.

El segundo factor que cimentó el alejamiento entre Borbolla y Guerra, a juicio de las personas que durante los últimos años han sido protagonistas de esta insólita batalla interna, es de carácter más delicado. Alfonso ha mantenido siempre con las mujeres unas relaciones difíciles, a veces despectivas, y jamás ha aceptado a las personas a las que considera demasiado influidas por sus parejas. En esta línea, la fuerte personalidad de la segunda esposa del presidente andaluz, Gracia Sánchez Caballos, se convirtió a medio plazo en una fuente de conflictos.

El propio Guerra ha comentado a dirigentes socialistas próximos a él, e incluso a alguno de los hombres de confianza de Borbolla, su mala disposición para aceptar lo que él considera nefasta influencia de Gracia Sánchez, a quien los enemigos de *Pepote* llaman «la presidenta» y, con mucha más carga despectiva, «la demonia». Esta influencia resulta evidente para cualquiera que conozca los entresijos de la Administración andaluza, y ha sido a veces determinante en la resolución de algunas crisis de gobierno. En concreto, los guerristas creen que el mantenimiento del consejero de Cultura, el granadino Javier Torres Vela, y del de Educación, Antonio Pascual, se debe entre otros factores a la estrecha relación que une a sus esposas con la mujer del presidente de la Junta.

No es casual, pues, que a raíz del «caso Juan Guerra», Gracia Sánchez haya sido acusada de manejar algunos hilos para atizar el fuego de la polémica en torno al hermano del vicepresidente. Incluso la ex esposa de Juan, Ángeles López, acusó directamente a Gracia en una entrevista vendida a la revista *Interviú*, cuyo contrato se resolvió en el despacho del abogado Antonio Alva Mendaro. Según Ángeles López, Gracia Sánchez, que trabaja como jefa del gabinete del consejero de Educación, envió a una funcionaria a pedirle datos sobre los negocios irregulares de su ex marido.

Guerra entendió pronto que los progresivos distanciamientos de Borbolla, acrecentados cuando fue nombrado presidente tras la inesperada dimisión de Escuredo, obedecían a la influencia de Gracia Sánchez, que le alentaba, según él, a desarrollar un poder paralelo desde la Junta. Comoquiera que, a la vez, controlaba el partido, porque Alfonso no tuvo tiempo de separar los cargos ante la rapidez de la crisis planteada por Escuredo, *Pepote* tenía todas las cartas a su favor para hacer exactamente aquello que el poderoso Guerra menos consiente: que se desafíe su poder en Andalucía.

Para colmo, llegó el IV Congreso del PSOE andaluz. Era en marzo de 1985, y Borbolla eligió la ocasión para, ebrio de éxito, lanzar un pulso directo al vicepresidente. Guerra, en una rara excepción en sus comportamientos, advirtió expresamente a Borbolla que la condición para aceptarle como secretario general era que la ejecutiva fuese diseñada por él mismo, y le entregó una lista. *Pepote* no aceptó. Por sorpresa, diseñó su propia candidatura, descabalgando de la presidencia del partido al guerrista Luis Yáñez y buscando sitio a dos hombres de su confianza, el notario Antonio Ojeda, a la sazón presidente del parlamento autonómico, y al joven cordobés José Miguel Salinas, su delfín en la Junta, un político desenvuelto, hábil y con gran proyección que, por ende, se había mostrado siempre poco sumiso a los hombres y las directrices de Alfonso Guerra.

En una reunión celebrada durante el congreso, en el chalé que Alfonso Guerra posee en la urbanización Santa Clara, el vicepresidente advirtió con bromas a Borbolla de lo que se estaba jugando. «Qué político eres, Pepe», le advirtió con sorna cuando éste le expuso su proyecto de ejecutiva. Más tarde, al salir en la charla la palabra «pulso», Guerra fue ya mucho más ácido: «Muy deportivo te veo», le dijo a su rival. Y a continuación pronunció la sentencia: «Tú verás.» Por su parte, Guillermo Galeote, al que Borbolla había comunicado su decisión, transmitió a los dirigentes provinciales considerados guerristas la idea de que si aceptaban aquello iba a producirse una guerra total.

*Pepote* ganó el congreso, porque entonces controlaba la organización. No contento con aquello, lanzó una ofensiva orgánica para renovar las direcciones provinciales, y puso hombres de su cuerda en todas las secretarías. En Sevilla, concretamente, eligió a un hombre duro, José Caballos, cuya actuación de liderazgo se caracterizó por intentar controlar a dos conspicuos protegidos de Guerra: Manuel del Valle, alcalde, y Miguel Ángel Pino, presidente de la diputación.

Lo que Caballos hizo era, exactamente, lo que Guerra defendía, esto es, sobreponer el partido a las instituciones. Pero esta vez, el partido no lo controlaba el vicepresidente. De forma que, alentado por Pino y por Juan Guerra, que le informaba cumplidamente cada mañana de la situación interna, Alfonso se decidió a atacar, dispuesto a dar a Borbolla una patada en el culo de su hombre en Sevilla.

Una tarde de primavera, Guerra bajó del avión, fue recogido por su hermano a pie de pista y, en vez de dirigirse a su casa de Santa Clara, se plantó en el hotel Los Lebreros, donde los guerristas andaluces, los llamados Hombres-G, habían convocado una reunión de alcaldes, notables, cargos públicos y responsables de agrupaciones. La entrada de los dos Guerra en el hotel fue imponente. «Parecían dos pistoleros entrando en un poblado del Oeste», según la expresiva descripción de uno de los asistentes. Allí, Alfonso dijo claramente el objetivo de su presencia, parafraseando —siempre la referencia culturalista— un título de Sam Peckinpah: «Quiero la cabeza de Pepe Caballos.»

La tuvo en breve, por más que Borbolla, en otra apresurada paráfrasis, llegó a declarar que «no seré yo quien entregue la cabeza del Bautista». Aquella batalla —que no era la única, porque simultáneamente se había desencadenado en Málaga otra similar, con un cerco a Antonio García Duarte en beneficio de Carlos Sanjuán— alcanzó repercusión nacional, porque Borbolla intentó inicialmente resistir, incluso convocando reuniones a cara descubierta. No pudo. Al cabo de tres semanas de forcejeo, hubo de ceder para evitar ser arrastrado él mismo, y se llegó a un pacto para liquidar a Caballos en un congreso extraordinario del que había de salir una teórica ejecutiva de síntesis que, naturalmente, estuvo finalmente copada por hombres de Guerra. Y es que uno de los puntos débiles de Borbolla reside en su falta de vista a la hora de escoger colaboradores y en la contumacia con que se niega a ver cuándo su entorno comienza a abandonarle.

El trasfondo de esta lucha política, que no dejaba de ser una pelea provincial, fue, realmente, una doble evidencia. De un lado, la absoluta intransigencia de Guerra ante cualquier desafío a su autoridad de Despeñaperros para abajo. De otro, el carácter vicario de su poder, transmitido mediante intervenciones delegadas. Porque excepto aquella reunión inicial, de declaración de guerra —en el doble sentido—, Alfonso no intervino directamente en la crisis, ni le hizo falta. De hecho, su presencia en la cita de Los Lebreros contravenía incluso los estatutos del partido, como hizo notar José Caballos en una de las múltiples reuniones de aquellos días. La respuesta que obtuvo le redujo su argumentación al absurdo. «De acuerdo», le dijeron con sorna los guerristas, «lleva a Alfonso a la comisión de conflictos». Caballos, otro dogmático hiperconvencido de la virtualidad del PSOE como proyecto político, se encontró ante una situación evidentemente implanteable y se estrelló contra la contradicción de que el partido, pese a sus propios mecanis-

Llegó el IV Congreso del PSOE andaluz. Era en marzo de 1985 y Borbolla eligió la ocasión para, ebrio de éxito, lanzar un pulso directo al vicepresidente. «Pepote» ganó el congreso, porque entonces controlaba la organización.

Atrincherado en la Junta, Borbolla resistió como pudo un acoso delegado, encabezado por Carlos Sanjuán (en la foto), a quien todos sabían candidato a sucederle en la dirección andaluza del PSOE.

A propósito de la última batalla con Rodríguez de la Borbolla, la de la nominación del candidato a la presidencia de la Junta para las elecciones de junio, el vicepresidente forzó la candidatura del ministro de Trabajo, Manuel Chaves, contra la voluntad del interesado y la renuencia del propio Felipe González, poco entusiasmado por una crisis de gobierno.

mos de autocontrol, estaba dominado desde todos los sectores por la misma persona.

De todas maneras, y por si no estaba suficientemente claro, Alfonso Guerra se encargó de decirle personalmente a Borbolla, con su mejor estilo vejatorio, cómo habían quedado las cosas. Días después de cerrarse la crisis, el presidente andaluz acudió a Madrid para unas gestiones y aprovechó, previa cita, para pasar por la Moncloa a ver a Alfonso para cambiar impresiones sobre lo sucedido. El vicepresidente lo recibió junto a Luis Yáñez —uno de los peores enemigos personales de *Pepote*— y Manuel Marín, el que luego sería comisario europeo, personas a las que no tuvo la delicadeza de despedir. Borbolla, algo cortado porque esperaba encontrarse a solas, expuso en términos suaves una especie de «rendición» y comentó lo difícil que le había resultado aceptar los hechos. «Comprenderás —le dijo a Guerra— que esto ha sido un sapo que me he tenido que tragar.» La respuesta de Alfonso, inmisericorde, le dejó de piedra.

—De eso se trata. Ese sapo te lo tienes que tragar todas las mañanas para saber a qué atenerte.

Durante toda aquella crisis, la actuación guerrista vino a través de sus hombres de confianza, que actuaron, además, a cara descubierta, filtrando sus movimientos a la prensa para que Caballos y Borbolla sintieran la sensación de acoso y, sobre todo, la impresión de que Guerra tenía amarrado el desenlace. En la tareas de muñidor destacó un personaje esencial, que se encargaba de convocar telefónicamente a los alcaldes de la provincia, en estrecha colaboración con el gabinete presidencial de Miguel Ángel Pino en la diputación, y que fue el organizador directo de la reunión de Los Lebreros. Ese personaje, que adquirió entonces una gran fortaleza en el esquema de poder delegado, se llamaba Juan Guerra. A partir de la crisis de Caballos, mucha gente en el seno del PSOE andaluz supo con más claridad qué clase de funciones desarrollaba el hermano de Alfonso Guerra.

La misma táctica, algo más complicada por la envergadura del rival, fue empleada en la siguiente batalla, más grave, contra el propio Borbolla, en la primavera de 1988.

Guerra decidió que el presidente andaluz se había vuelto irreversiblemente díscolo, y auspició la última vuelta de la tuerca. Esta vez se trataba de quitarle, como primer paso, la secretaría del partido, de echarlo, en una palabra, ante su empecinamiento en mantener el poder paralelo del Gobierno regional. En segunda instancia, el plan abarcaba el relevo en la presidencia de la Junta, para lo que Alfonso contaba con el ahínco de algunos de sus colaboradores por defenestrar al inquilino del palacio de Monsalves.

Previamente —ahí sí intervino de modo directo— Guerra ordenó que liquidaran a otros dos peones de Borbolla: los citados Ojeda y Salinas. Al primero se le prometió la presidencia del Congreso para que abandonara las listas regionales de 1986. Aceptó, y después se le dijo —lo hizo Eduardo Martín Toval— que Guerra había tomado la decisión de que el cargo fuese para Félix Pons. Tampoco hubo vicepresidencia, reservada a Leopoldo Torres. Le terminaron ofreciendo la presidencia de la comisión constitucional. Ojeda entendió el mensaje, dimitió y decidió volver a su notaría.

Con Salinas fue más fácil. Guerra le ordenó ir de candidato a la alcaldía de Córdoba en 1987. Córdoba era feudo de los comunistas; pese a ello, Salinas logró evitar la mayoría absoluta y rozó la victoria. Con un pacto, habría sido alcalde. Guerra se lo prohibió. Salinas entendió también el mensaje y se pasó al más grato terreno de la intermediación de inversiones por cuenta privada.

Sólo quedaba Borbolla. Atrincherado en la Junta, resistió como pudo un acoso delegado, encabezado por Carlos Sanjuán, a quien todos sabían candidato a sucederle en la dirección andaluza del PSOE. La batalla duró dos años, y tuvo altibajos, en los que hasta Felipe González terminó cediendo parcialmente. Pero Guerra no cedió. En marzo del 88 se había decidido un relevo, y lo mantuvo contra el viento de su desprestigio y la marea de las encuestas desfavorables.

Una idea del hermetismo con que Guerra transmite (?) su voluntad la ofrece lo que sucedió en dos reuniones mantenidas por los principales Hombres-G andaluces para preparar la estrategia que acabaría con el mandato de Borbolla al frente del PSOE de Andalucía. Almorzaban en Moncloa, con Guerra, Luis Yáñez, Carlos Sanjuán, Alfonso Lazo, Vargas Machuca y Manuel Chaves. Este último, probablemente temeroso de ser él el elegido para sucederle, defendía que Borbolla debía seguir siendo candidato a la presidencia de la Junta, bien controlado desde la secretaría regional y forzándole a aceptar una vicepresidencia elegida por el partido. Los demás querían liquidarle totalmente, en la confianza, rayana en la certeza, de que estaban apoyando la tesis de Alfonso Guerra. Como éste no se pronunciaba, los reunidos se marcharon comentando entre ellos si Chaves, que al fin y al cabo le tenía cerca como ministro, no estaría, en realidad, hablando en nombre del vicepresidente.

La segunda anécdota tiene los mismos protagonistas. En un momento dado, comunicaron a Guerra que todo estaba listo, atado y bien atado, para abordar la sustitución de Borbolla en el V Congreso, a celebrar durante la semana de pasión de 1988 en Sevilla. El candidato era Carlos Sanjuán, con el beneplácito teórico del vicepresidente. Sin embargo, los miembros del «Sanedrín» se quedaron fríos cuando Guerra preguntó, de manera distraída, tras escuchar la exposición:

—¿Y quién va a ser el secretario general?

Todos sabían que era Sanjuán, y que Guerra quería que lo fuese. Pero, de ese modo, dejando que se lo propusieran teóricamente y manifestando su conformidad, Alfonso dejaba claro que Sanjuán le debía el cargo y además dejaba claro que no sólo Sanjuán sabía ese débito. Una carambola de maquiavelismo sólo posible en un estado de cosas en que esta especie de terror psicológico —tan cercano, acaso, a un cierto estilo de estalinismo— es moneda comúnmente aceptada.

En esta reunión citada hubo, no obstante, un factor imprevisto. En un momento dado, la secretaria de Felipe González interrumpió con un mensaje del presidente. Borbolla había llamado a Felipe, al enterarse de que en Madrid estaban decidiendo su sustitución en el partido, y le presentó la dimisión como responsable de la Junta. El «Sanedrín» improvisó una terna de sustitución, a la que Guerra dio el visto bueno: Enrique Linde, José Antonio Marín Rite y Jaime Montaner. Pero González, que estima enormemente a Montaner a través de la influencia de su cuñado, Francisco Palomino, optó por intentar convencer a *Pepote* al ver que su mejor relevo no gozaba de la consideración preferente de los guerristas.

Algo parecido sucedió en la primavera de 1990, a propósito de la última batalla con Rodríguez de la Borbolla, la de la nominación del candidato a la presidencia de la Junta para las elecciones de junio. Pese al espectáculo que representó la lucha interna por la nominación en el partido mayoritario, Guerra aguantó el pulso en plena tormenta política por los negocios de su hermano Juan, hasta conseguir el derribo de su a esas alturas insalvable enemigo. Tampoco entonces eligió a Montaner, ni siquiera a Leocadio Marín, que era el candidato de la ejecutiva regional. El vicepresidente entabló un verdadero desafío dado su bajo momento político, y forzó la candidatura del ministro de Trabajo, Manuel Chaves, contra la voluntad del interesado y la renuencia del propio Felipe González, poco entusiasmado por una crisis de Gobierno. Enconado por lo que consideraba maniobras de Gracia Sánchez contra su hermano Juan, para minarle a él y reforzar por comparación el prestigio de *Pepote*, Alfonso logró incluso convencer a Felipe González para que se inhibiera en el asunto. «Mi voto es uno más en la ejecutiva», le dijo Felipe a Borbolla días antes de que se consumara la nominación de Manuel Chaves. Esta frase equivalía a la sentencia del presidente andaluz, pese a la buena imagen personal que, efectivamente, había conseguido en las encuestas.

Pero en ningún momento recibió Borbolla explicación directa de boca de Alfonso Guerra, pese a que el mandatario andaluz tuvo siempre, aun durante los peores momentos de la crisis, hilo directo. Alfonso utilizó para cercarle a su habitual equipo de personas, que combatían como podían la guerra de filtraciones y maniobras desatadas desde la presidencia. En un momento dado, los Hombres-G llegaron a filtrar que Borbolla estaba condenado porque Guerra le culpaba, a él y a Gracia, de atizar el escándalo de los negocios de Juan.

En el último momento, Alfonso volvió a humillarle. El 16 de abril, el presidente de la Junta fue convocado desde la sede federal del PSOE a una reunión en Madrid para plantear definitivamente el asunto de la candidatura. Borbolla, que había obtenido de Felipe González la confirmación en el cargo —«porque ya hemos cometido demasiados errores»—, esperó en su fuero interno que le iban a nominar. Pero ni Guerra acudió a la reunión, ni Txiqui Benegas, el número tres del partido, ni Carlos Sanjuán, ni Guillermo Galeote fueron a otra cosa que a decirle que el candidato era Chaves, y que el comité director del PSOE andaluz iba a aprobarlo el 19 de abril. Inicialmente, *Pepote* se negó a aceptar.

—Que me den una explicación Felipe o Alfonso. Es lo menos que se puede hacer en una situación como ésta.

—Mira, Pepe —le dijo Sanjuán—, haz lo que quieras. Pero sabes muy bien que ni Felipe ni, por supuesto, Alfonso, van a explicarte nada. Todo está ya explicado, y tú lo sabes.

Sanjuán se equivocó parcialmente. Felipe sí le dio la explicación arriba descrita. Guerra, por supuesto, no. Porque lo cierto es que con Alfonso Guerra no habla, en realidad, casi nadie. Protegido por un espeso cerco administrativo en Moncloa, el vicepresidente es inaccesible incluso para sus teóricos vicarios. Por lo general, es Fali Delgado el que emite dictámenes y expresa la opinión del poderoso. En algunas áreas, más cercanas al Gobierno que al partido, el oráculo se expresa a través de Roberto Dorado, jefe del gabinete de presidencia, o de Francisco Fernández Marugán. Pero para los dirigentes andaluces, Alfonso Guerra se llama, la mayoría de las veces, Rafael *Fali* Delgado, un malagueño que goza de la completa confianza de su jefe, de quien se le han contagiado, por lo demás, tics personales y maneras políticas. Delgado, recientemente ascendido al rango de subsecretario, es el principal interlocutor con los actuales diri-

Para los dirigentes andaluces, Alfonso Guerra se llama, la mayoría de las veces, Rafael «Fali» Delgado, un malagueño que goza de la completa confianza de su jefe, de quien se le han contagiado, por lo demás, tics personales y maneras políticas.

Juan Guerra fue, durante mucho tiempo, la presencia más constante al lado de su hermano. Siempre un par de pasos detrás, asomando su inquietante rostro barbudo con los ojos cubiertos por gafas oscuras, era visible en cada aparición pública o privada del vicepresidente, atento a los detalles, como una especie de cualificado guardaespaldas-intendente-asistente-ayudante-peón de confianza.

De todos los peones de confianza de Guerra en Andalucía, hay uno que no sólo tiene acceso directo con frecuencia, sino que llega a producirle franco cansancio. Es Miguel Ángel Pino, el presidente de la Diputación.

gentes del PSOE andaluz, que suelen presentar sus conversaciones como despachos efectuados con Guerra.

De todos los peones de confianza de Guerra en Andalucía, hay uno que no sólo tiene acceso directo con frecuencia, sino que llega a producirle franco cansancio. Es Miguel Ángel Pino, el presidente de la diputación sevillana. Pino le llama, le consulta, le atosiga en Madrid y en Sevilla, y Guerra, que le tiene afecto desde que era responsable nacional de las Juventudes Socialistas, le deja hacer bastante más que a otros. Pino es el *Niño* que le cae bien al todopoderoso, le recoge en las campañas electorales, le informa cada fin de semana, y le controla la provincia que más quiere a través del enorme caudal inversor que maneja la diputación. Pino es uno de los hombres que más mandan en la capital de Andalucía, pero lo hace, como su admirado líder, desde una posición retraída, más cerca de la cocina que del mostrador. No obstante, el carácter de Guerra es tan difícil que, en cierta ocasión, le preguntó a la senadora Amparo Rubiales, a la que encontró paseando por la urbanización de Santa Clara, si sabía dónde vivía Miguel Ángel Pino. La casa de éste está exactamente en la manzana trasera del chalé que ocupa la familia Guerra.

Otros dirigentes andaluces próximos a Guerra —próximos en el sentido de posibilidades de acceso directo— son Luis Yáñez, el alcalde Manuel del Valle y, por supuesto, Carlos Sanjuán que, con Pino, es el principal visitador del santuario de Santa Clara. Hasta junio de 1989, el chalé de la calle Diego de Arana contaba también con un visitante asiduo, que se cayó del cartel por razones obvias. Se llamaba Juan José Guerra González.

Juan Guerra fue, durante mucho tiempo, la presencia más constante al lado de su hermano. Siempre un par de pasos detrás, asomando su inquietante rostro barbudo con los ojos cubiertos por gafas oscuras, era visible en cada aparición pública o privada del vicepresidente, atento a los detalles, como una especie de cualificado guardaespaldas-intendente-asistente-ayudante-peón de confianza. Juan Guerra acompañaba a Alfonso en las excursiones dominicales a los pinos de Oromana, Juan Guerra jugaba con Pincho a la pelota, Juan Guerra dirigía las escoltas en los *happenings* culturales que su hermano se hacía preparar los fines de semana —una exposición, una presentación de libro, una conferencia—, Juan Guerra intimidaba con sus miradas torvas a los dirigentes políticos que acudían a entrevistarse con el vicepresidente, Juan Guerra paseaba por los pasillos de las zonas nobles mientras discurrían las reuniones de alto nivel en el interior de los salones. Y, sobre todo, Juan Guerra recogía a Alfonso a pie de avión, cada viernes, y en el trayecto del aeropuerto a Santa Clara lo ponía cuidadosamente al día de las últimas desobediencias, las últimas intrigas, los últimos avatares. Aquél era un trayecto de delaciones.

La presencia del «hermanísimo» llegó a ocasionar incluso problemas de protocolo, dada su costumbre de sentarse en las sillas de las autoridades en los actos que presidía su hermano. El Alcázar de Sevilla, escenario de la mayoría de los fastos institucionales de la Junta y el ayuntamiento de la capital andaluza, lo era también de sus mejores y más aparatosas apariciones estelares, durante las que tomaba asiento en las sillas de estrado que se colocan en los salones de Tapices o del Almirante. La escena se repitió muchas veces. Los funcionarios de protocolo, los periodistas y algunos políticos menos discretos se daban codazos pasándose la pregunta-consigna: «¿Qué hace ahí ese tío?» Nadie encontró nunca la respuesta.

Y es que, a decir verdad, nunca supo nadie qué hacía realmente. Es decir, sí se supo. Lo único que hacía era *ser* hermano de su hermano. Y trasladar a sus propios movimientos el principio de poder delegado que otros habían utilizado en la esfera política. La mayor parte de las actuaciones en que Juan Guerra se movió para su propio beneficio se basaron en la traslación al marco mercantil de un modelo de funcionamiento político. Lo que Juan hacía ante alcaldes, presidentes de diputación y altos cargos de la Junta de Andalucía y del Gobierno central era exactamente lo mismo que algunos de los Hombres-G habían hecho para lograr sus objetivos políticos. Esto es, utilizar el nombre de Alfonso Guerra. «Que dice Alfonso que hay que hacer esto», decían los guerristas después de haber escuchado alguna de las muchas ambigüedades del vicepresidente, o tras haber recibido una orden de Fali Delgado. «Alfonso tiene mucho interés en esta operación», decía Juan Guerra cuando veía reticencias en algún interlocutor público. Era el mismo esquema. Y nunca existió nadie que supiera, a ciencia cierta, dónde empezaba el interés del partido —supuestamente amparado de manera tácita por su máximo responsable en la práctica— y dónde comenzaba el provecho personal del *Conseguidor*.

Probablemente, nadie, o casi nadie, lo sepa todavía. Acaso ni siquiera Miguel Ángel Pino o Jaime Montaner, los altos cargos más visitados por el «hermanísimo», junto a Manuel del Valle, los responsables de las instituciones donde más favores ha obtenido Juan Guerra. Estas tres personas son las que menos han alzado la voz durante el escándalo, guardando un silencio cuidadoso y expectante, dejando caer a veces comentarios sobre las trapacerías del *Conseguidor* en busca de una exculpación moral inmediata. Puede que ni siquiera ellos sepan en provecho de quién recibieron las peticiones de Juan Guerra. Como nadie sabrá, tampoco, qué consignas de acoso a Borbolla partieron realmente de Alfonso Guerra y cuáles fueron obra e iniciativa de un grupo de personas que tenían en el presidente andaluz un preferente objetivo de hostigamiento y derribo. Bajo el manto de apariencias del poder vicepresidencial se ha movido, en los últimos años, una enorme cantidad de ambigüedades. Son los inconvenientes del poder vicario.

# El entramado

*La sinceridad de un comunista • Darom, una empresa con aspecto de tapadera • Algo más sobre el libro de las visitas • El tosco seudónimo de Marcos Eguizábal • COMASA, la historia de un «pelotazo» • Adolfo, otro hermano en danza • «Sin ánimo de ofender» • El gerente que quiso cobrar • La ambigüedad calculada • «Dile a Alfonso que me cese» • Un colchón lleno de agujeros • Teoría del abuso de confianza • Cunia, un fracaso histórico • Cinismo televisivo: «Todos los partidos se financian del mismo modo» • Alarma en el partido: «Que se lo diga otro» • Una trama diversificada • Los caminos oscuros del juego*

El presidente de la coalición Izquierda Unida en Andalucía, Luis Carlos Rejón, es uno de los políticos con mejor cabeza de la hornada que surgió en las instituciones autonómicas para sustituir a los Anguita, Mancha y otros líderes regionales cuando éstos se decidieron a dar el salto a Madrid. Teórico aceptable, dogmáticamente preparado, con excelente olfato para la negociación y esa capacidad —Berlinguer la llamó «culo de ferro»— intuitiva que algunos tienen para aguantar las horas que sean necesarias alrededor de una mesa, Rejón se convirtió pronto, desde su aparición como diputado por Córdoba en 1986, en uno de los principales puntales de la oposición parlamentaria andaluza. El conocido caso de la urbanización Costa de Doñana figura, como ejemplo, entre sus más significados éxitos.

En cierta ocasión, a la hora dudosa de las confidencias entre periodistas y políticos, Luis Carlos Rejón le confió al firmante su profunda convicción, por otra parte recién e[illegible] puesta en la cámara autonómica, de que el «caso [illegible]

Guerra» no era sino una trama fiduciaria tras la que subyacía una de las diversas líneas de respaldo económico del Partido Socialista. Esto, naturalmente, no constituía ninguna novedad, pero las consideraciones que adobaron aquellas reflexiones en voz alta sí lo eran, por lo que tenían de exposición abierta de algunos mecanismos financieros de uso común en las distintas formaciones políticas.

Lo que Rejón contó aquella tarde —Semana Santa en Sevilla, sonido semilejano de trompetas y tambores, bulla en las calles— era, más o menos, lo siguiente. Izquierda Unida, hegemónica en unos cuarenta municipios andaluces, estudió en un momento dado posibles fórmulas de financiación basadas en el intercambio de favores con empresas suministradoras de servicios públicos y contratas. Esta estrategia debía contar, inicialmente, con una plataforma de apoyo, que consistía en una empresa, a crear por la coalición, especializada en estudio y diagnóstico de necesidades, organización y servicios generales de los ayuntamientos.

A través de esta empresa, cuyos servicios serían ofrecidos o recomendados a los municipios bajo gobierno comunista, la coalición o partido matriz tendría recopilado un abundantísimo material de carencias «vendibles», que cualquier intermediario ambicioso podía encargarse de gestionar a cambio, naturalmente, de favores económicos. «Al final lo desechamos porque era muy problemático, un asunto de perfiles demasiado oscuros, y encima nuestros ayuntamientos, salvo Córdoba, no son de los mejor dotados económicamente», concluyó Rejón. «Pero te lo cuento para que veas que no hay nada nuevo. *Nihil novum sub sole.*»

El perfil de esta clase de sociedades fantasma coincidía —y Rejón no hablaba a humo de pajas— con demasiada exactitud con el de una empresa cuyo nombre había salido a la luz durante la polémica sobre los negocios de Juan Guerra. Se llamaba Darom, S. A., un nombre hebreo que significa «Sur», y había sido relacionada con el proyecto Costa de Doñana. Los trabajadores y el consejo de la empresa habían hecho pública protesta de esta asociación con el escándalo, pero en el seno de la sociedad se había encendido la luz roja de alarma.

Darom, a la que el alcalde de Almonte, el socialista Rafael Díaz, había presentado sin tapujos como «una empresa de Juan Guerra» a algunos concejales del ayuntamiento, se encargaba, exactamente, de la clase de estudios de organización y método aludidos por Luis Carlos Rejón, y había efectuado varios para ayuntamientos de la provincia de Huelva gobernados por el PSOE. De hecho, el consistorio almonteño le había encargado estudios a consecuencia de los cuales fue contratado un economista municipal... que procedía, precisamente, de la propia Darom. En la empresa, con sede en un lujoso chalé del barrio sevillano de El Porvenir —las buenas perspectivas le habían movido a abrir una subsede en la localidad de Almonte—, trabajaba un hijo de Juan Guerra, Emilio, y sus principales socios, llamados Alberto Ayerbe, José Pardo y Manuel Sola, eran visitantes asiduos del despacho de la delegación del Gobierno. Sus nombres constan repetidamente en el libro de registro. Pardo, ex funcionario del Servicio Andaluz de Salud, había sido condenado por cohecho en la concesión de servicios de ambulancias, y Ayerbe era un personaje de manejos confusos, vinculado al *lobby* judío y con experiencia administrativa en la Junta de Andalucía, donde fue jefe de gabinete del consejero de Cultura. Sola era un empresario granadino, aparentemente desconectado del mundo socialista, hasta que un diario de aquella ciudad lo relacionó —a él y a Darom— con una contrata de material de limpieza a cierta empresa cuyo nombre sonaba familiar en Sevilla: Omnium Plastic, vinculada a industriales del Partido Socialista francés, con fábricas en Catarroja (Valencia) y proveedora de la mayor parte de los grandes municipios españoles bajo mayoría del PSOE.

Demasiadas coincidencias. Cinco años antes —ni siquiera había sido fundada Darom—, Omnium Plastic fue acusada públicamente de ser una empresa próxima financieramente al Partido Socialista Obrero Español, con ocasión de una ruidosa decisión del ayuntamiento sevillano, que le adjudicó un suministro de más de 500 millones de pesetas pese a la existencia de informes contundentemente contrarios. Las protestas de los trabajadores y socios de Darom se vinieron definitivamente abajo cuando, el 16 de abril de 1990, el propio Juan Guerra la aludió sin mencionarla en una entrevista televisada en Canal Sur, donde se quejó de que una de sus empresas, cuyo número de trabajadores coincidía con el de Darom, había quedado prácticamente sin pedidos a partir de las denuncias de la prensa.

No obstante, Darom no era sino una parte de la trama que, a lo largo de varios años, había logrado poner en pie Juan Guerra. El examen de la parte del registro de la delegación del Gobierno que fue mostrada a los diputados Becerril y Rojas-Marcos en abril de 1990 permite aproximarse a una formidable red de intereses, en la que personajes de diverso calado, vinculados casi todos ellos a industrias de tipo especulativo, convirtieron el famoso despacho en una especie de «camarote de los hermanos Marx» donde, a la sombra de las banderas de España y Andalucía, se gestionaba un conglomerado de traspasos, concesiones, contratas y mediaciones cuyo volumen, por dentro y por fuera, resulta asombroso para ser la obra de una sola persona.

El libro de registro que fue mostrado —previa petición a la mesa del Congreso— a los diputados Rojas-Marcos y Becerril corresponde al último período que Juan Guerra pasó en la delegación, entre 1988 y 1989, en el que funcionaba ya como empresario semiindependiente, con la mayoría de sus sociedades creadas y otras en proceso de constitución. A través de este documento, con más de 500 nombres inscritos, puede examinarse el fabuloso rosario de visitas con las que el «asistente» pasaba mañanas enteras de reuniones, en un evidente abuso privado de la dependencia oficial.

Allí constan, entre otros empresarios conocidos en Sevilla, los nombres de José Garrido López y Francisco López Martín —vinculados, entre otras empresas, a COMASA y Puerto Zahara—, los de Juan José Arenas Casas y José María Ramos Reina —socios de Juan Guerra en otras empresas— y los de ciertos intermediarios cuya frecuente presencia en la plaza de España no puede considerarse menos que sospechosa, toda vez que muchas veces coincide con las fechas en que se gestaban los negocios luego inscritos documentalmente ante notario. Éste es también el caso de Eduardo Sánchez Rodríguez, vinculado familiarmente al grupo industrial Viuda de Contreras —especializado en montajes eléctricos y de tendido ferroviario— y a una sociedad médica, Litomed, cuyo cupo de enfermos comenzó a aumentar geométricamente a partir de las fechas en que constan las primeras visitas de Sánchez al despacho del «hermanísimo» en su sede oficial.

El caso de Litomed merece ser contado en un breve aparte. Durante el período más efervescente del escándalo, a la redacción de *Diario 16* en Sevilla llegó la noticia de que Juan Guerra había efectuado mediación remunerada a favor de esta empresa de litotricia, constituida por un amplio grupo de médicos sevillanos y algunos empresarios y profesionales no relacionados con la medicina, que aportaron capital para una costosa inversión en maquinaria muy sofisticada. En el curso de la subsiguiente investigación periodística, uno de los socios confesó plenamente la existencia de la citada relación, arguyendo que la empresa había sido sometida a una suerte de chantaje ante la falta de enfermos de la Seguridad Social, y dando detalles de la resistencia de parte del consejo de la sociedad a aceptar la mediación propuesta por Sánchez Rodríguez. El citado socio, que insistía en el carácter de «víctima» de la empresa, declaró que no era Litomed el único caso de este tipo en la comunidad autónoma.

Del listado de visitantes —casi se podría escribir peregrinos— se deduce la ingente actividad que el hermano de Alfonso Guerra desarrolló durante el tiempo en que hizo uso de la dependencia oficial. Esta actividad, según la divertida definición del interesado, se reducía a «tomar un cafelito» con sus amigos, lo que ha dado pie en Sevilla a numerosos chistes e ironías sobre la nerviosera que debió contraer Juan Guerra con tanto café como se desprende del registro. Los supuestos «tomadores de café» hicieron de todo en el despacho, desde pedir favores a obtener créditos, desde pedir recomendaciones a ofrecer servicios, desde recibir contratas a acelerar trámites. A todos ellos procuró complacer *el Conseguidor*. A algunos, como a cierto vendedor de banderas y mapas para despachos oficiales, les pidió un millón de pesetas; otros tuvieron que traspasar acciones o fincas para devolver el favor.

Juan Guerra se mostró en su despacho —en el despacho del vicepresidente del gobierno, o de su extraño asistente— como auténtico estajanovista del favor. El margen cronológico que abarca el registro conocido, del que faltan nada menos que cinco años, facilita el conocimiento de la multiplicidad y heterogeneidad de las gestiones realizadas por *el Conseguidor*, que recibía tanto a empresarios, como el catalán Juan Andreu de Socas, peculiar promotor de una no nata fábrica de Biscuters en la provincia de Huelva, hasta sindicalistas como Alfonso Mir —factótum de UGT en el ayuntamiento sevillano— o el anarquista Cecilio Gordillo. Por allí pasaron actores mediocres de teatro semiprofesional —como Idilio Cardoso, la voz de la publicidad del Partido Andalucista en los años de la transición—, guías de turismo, empresarios de publicidad a los que Juan encargaba anuncios de sus negocios privados —como la tienda Ubrique, de su compañera Maribel García Valverde—, miembros del clan Guerra con sus hijos, sobrinos y primos en busca de trabajo, amigos de los hijos del «hermanísimo», inscritos literalmente como «amigos del hijo de don Juan Guerra», periodistas en horas bajas y, sobre todo, industriales de la más variopinta condición, la mayor parte de ellos acompañados de los socios del propio Guerra, atraídos por la muy extendida especie de que en la plaza de España existía un atajo comercial que partía de cierto despacho y desembocaba directamente en las antesalas de la Administración. La cultura del favor tenía allí un templo con multitud de peregrinos y romeros, aun sabedores de que la culminación de la gracia pedida conllevaba, como en la conciencia religiosa popular, la obligación moral de un donativo para el «santo».

Entre las numerosas visitas registradas en el libro se encuentran también, junto a personajes asiduos de la trama de negocios de Juan Guerra, otros vinculados a etapas pretéritas de la historia del Partido Socialista. Es el caso de Antonio Martín Méndez, una de las personas que más presencia tuvieron durante los primeros años setenta en el trabajo orgánico del PSOE. Retirado de la circulación política superficial, su reaparición a través del libro de visitas constituye para los iniciados un síntoma de su vinculación a negocios relacionados con el juego y las tragaperras, campo en el que Juan Guerra aparece siempre relacionado de una u otra manera.

Pero, probablemente, la más espectacular visita a la plaza de España, de las registradas en los períodos documentalmente conocidos, es la del empresario riojano Marcos Eguizábal, propietario de Bodegas Internacionales, S. A., y beneficiario de algunas de las más sonadas privatizaciones del patrimonio jerezano de Rumasa. Resulta divertido el detalle de que el nombre de Marcos Eguizábal figura inscrito en el libro de visitas con el tosco camuflaje de *Marcos Ceguisasola*, más tosco aún por cuanto la razón social de Bodegas Internacionales aparece anotada a continuación del nombre. El carácter de la visita es definido claramente como «particular», y como acompañante figuran otro ejecutivo de Bodegas Internacionales, Rafael Palomeque, y un ciudadano al que se inscribe literalmente como *Tico Morales*.

Este *Tico* no es otro que Antonio Morales Fernández, un joven empresario jerezano al que Iberia le adjudicó, de forma denunciada como irregular, la concesión de las cafeterías de los aeropuertos de Barajas y Sevilla. Morales era, asimismo, copropietario de la finca «La Carrascosa» —comprada por Juan Guerra a Ensidesa por 26 millones de pesetas, algo menos de la mitad de su valoración en 1980—, y accionista de la sociedad inmobiliaria Promociones la Isla, que compró en 1989 la mayoría de la empresa Construcciones Modulares, S. A. La trama tiene, a veces, puntos en los que algunos círculos se cierran enroscados sobre sí mismos hasta componer una teoría inductiva fácilmente perceptible.

* * *

Probablemente es el de la empresa Construcciones Modulares, S. A., simplificada como COMASA, el más genuino de los casos en que se observa a la perfección la estructura del entramado tejido por Juan Guerra. A esta sensación contribuye, por lo demás, el hecho de que esta sociedad fue sometida durante los meses de marzo, abril y mayo de 1990 a una investigación oficial del ayuntamiento de Sevilla, forzada por los votos de la oposición contra la voluntad del Partido Socialista.

COMASA es también, probablemente, el elemento a partir del cual puede formarse una idea aproximada del momento en que *el Conseguidor* Juan Guerra comienza su inflexión hacia la carrera de empresario por cuenta propia, toda vez que constituye, si no la primera ocasión en que se detecta un movimiento netamente especulativo, sí la primera en que parece efectuado por iniciativa particular o, al menos, con un interés propio concomitante. COMASA tiene, además, otro interesante factor interno: es la primera aparición de otro hermano de Alfonso Guerra en un negocio donde Juan tiene implicaciones.

Según la versión oficial, naturalmente, ni Juan ni Adolfo Guerra tienen relación alguna con Construcciones Modulares, S. A. Efectivamente, ninguno de los dos aparece en el accionariado, aunque los medios periodísticos insistieron, desde enero de 1990, en que la esposa de Francisco López Martín actuaba como testaferro del «hermanísimo» en la composición de la empresa. Pero ambos hermanos aparecen extrañamente vinculados a todo el proceso de traspaso de acciones y concesión de subvenciones, y existe, de hecho, al menos una conexión directa, conocida por el autor de este libro, en que Juan ofreció personalmente la compra de la empresa a un industrial hostelero sevillano.

COMASA se constituyó en abril de 1986, con un capital social de tres millones de pesetas, y compuesta por los socios José Garrido López, Francisco López Martín —compadre de Juan Guerra— y la esposa de éste, Dolores García. Previamente a su formalización, la empresa mixta Mercasevilla, con mayoría municipal y bajo gestión del ayuntamiento, había firmado un protocolo de intenciones para la adjudicación de una parcela de 4 700 metros cuadrados para la construcción de un hotel de tres estrellas, destinado esencialmente a los transportistas que transitan por el mercado central de abastos de la capital andaluza. En esas fechas, exactamente desde 1983, Adolfo Guerra González, el menor de los hermanos del vicepresidente, era director de la zona de actividades complementarias de Mercasevilla, de la que dependía la construcción del hotel. Adolfo, con una mínima experiencia como inspector de abastos y director provisional de un mercado de barrio, fue incorporado por Manuel del Valle al equipo que, bajo la dirección del ex concejal comunista José Villa, se hizo cargo de Mercasevilla a la llegada de los socialistas al poder municipal. Villa es hoy director de la Oficina del Pabellón de Sevilla para la Expo 92.

En noviembre de 1986, la gerencia de Urbanismo desiste de considerar la parcela como urbanizable de carácter terciario, y compensa a COMASA con otra mayor —8 700 metros cuadrados— situada en otro punto de Mercasevilla, autorizándole para la construcción de un hotel de cuatro estrelllas. Previamente, en verano de ese mismo año, el Consejo de Ministros había subvencionado con 145 millones de pesetas a la citada sociedad para la ejecución del proyecto hotelero inicialmente previsto.

Esta subvención terminaría provocando una de las mayores polémicas que rodearon el «caso Juan Guerra». El 31 de enero de 1990, el diario *El Mundo* publicó que durante la sesión del Gobierno en que se concedió la ayuda, fue mencionado el nombre de Juan Guerra asociándolo a Construcción Modular, S. A. Al día siguiente, fecha de la intervención de Alfonso Guerra en el Congreso de los Diputados, el presidente Felipe González anunció la presentación de una querella por calumnias contra el citado periódico. La querella, presentada por el fiscal general del Estado, Leopoldo Torres, fue rechazada días más tarde por el juzgado y por el tribunal supremo, dando lugar a un resonante fracaso gubernamental y a una polémica sobre la libertad de expresión que contribuyó a divulgar el efecto expansivo del «caso Guerra» en la opinión publica, además de servir al recién nacido periódico una inmejorable plataforma de lanzamiento.

Con la subvención concedida —que terminaría siendo retirada por no ejecutarse el proyecto en el tiempo fijado—, y tras un largo plazo de inactividad, los socios de COMASA comenzaron a buscar nuevos accionistas, apoyándose en la idea de que necesitaban profesionales de la hostelería para llevar a cabo la construcción del hotel. En este momento intervino Juan Guerra, ya que para esas fechas Adolfo había sido despedido de Mercasevilla a raíz de un enfrentamiento con el nuevo director, Vicente Bernáldez. Juan, cuyo despacho era ya meca de jubileo de intermediarios, sondeó a diversos empresarios andaluces sobre la posibilidad de hacerse, no con la concesión, que no era traspasable, sino con la mayoría del accionariado de COMASA.

Entre los consultados estuvo el hotelero sevillano Jorge Vara, que visitó la delegación del Gobierno y escuchó de boca de Juan Guerra la propuesta de comprar la mayoría de COMASA por un total de 450 millones de pesetas. Vara no aceptó, y Guerra siguió su búsqueda, en la que incluyó, a través de su hermano Antonio, a dirigentes de la empresa inmobiliaria CIMSA, con la que luego se asociaría a través de la firma El Corral de la Parra.

Al final, probablemente por mediación de Antonio Morales, un grupo de empresarios jerezanos, entre los que se encontraba el militante andalucista Sebastián Romero, decidió comprar. En ese grupo figuraban asimismo la sociedad Promociones la Isla y algunos funcionarios de la Junta de Andalucía, como José Blanco, procesado por una presunta actuación irregular como representante del Instituto de Reforma Agraria.

Durante las declaraciones que los empresarios jerezanos efectuaron ante la comisión investigadora del ayuntamiento —cuyas conclusiones no habían sido formuladas aún durante la redacción de este libro—, Sebastián Romero y su socio Javier Pérez de Eulate manifestaron su extrañeza de que una institución pública hubiese concedido la construcción de un hotel a un grupo de personas sin ninguna vinculación

El presidente de la coalición Izquierda Unida en Andalucía, Luis Carlos Rejón, se convirtió pronto, desde su aparición como diputado por Córdoba en 1986, en uno de los principales puntales de la oposición parlamentaria andaluza. El conocido caso de la urbanización Costa de Doñana figura como ejemplo entre sus más significativos éxitos.

Lo que todos los socialistas tienen hoy claro es que, en un momento dado, Juan Guerra comenzó a trabajar sustancialmente para sí mismo.

profesional con la hostelería. Asimismo, los representantes de La Isla dijeron haber pagado «a la par» más de 100 millones de pesetas por un veinte por ciento de las acciones de COMASA, cuya revalorización sólo podía entenderse a la luz de la subvención concedida por el Consejo de Ministros, y de otra, en trámite por la Junta de Andalucía, de 385 millones de pesetas, cuyos papeles se perdieron en un extraño incendio ocurrido en la oficina del Gran Área de Expansión Industrial de Andalucía, dependiente de la Consejería de Fomento, el 20 de enero de 1990, es decir, a las pocas semanas de hacerse pública la denuncia. Este incendio de carácter provocado, habría sido llevado a cabo por un ex chófer del Servicio Andaluz de Salud, según un anónimo mostrado en el parlamento andaluz por el diputado de Izquierda Unida Felipe Alcaraz. El escrito había llegado también a las redacciones de algunos periódicos. En cualquier caso, una copia del expediente había sido ya trasladada al Ministerio de Economía en Madrid.

La intervención de Juan Guerra en la venta de COMASA aparece en las actas de la citada comisión de investigación municipal de una manera harto curiosa. El cierre de la operación de venta de acciones se produjo en el bar restaurante La Raza, de Sevilla, junto al parque de María Luisa y a poca distancia de la delegación del Gobierno y el Gobierno Civil, donde radicaba el despacho del hermano del vicepresidente. Al finalizar el trato, José Garrido, que conservó el treinta por ciento del accionariado, sugirió acercarse a la plaza de España «a saludar a mi amigo Juan Guerra». Los reunidos fueron hasta el edificio oficial, donde al constatar la existencia del registro, decidieron esperar en el vestíbulo para no tener que ser inscritos en el libro de visitas. Pasó Garrido, habitual del lugar, e hizo salir a Juan Guerra para que conociera a los compradores de la empresa, a los que felicitó por la operación. La aparente ingenuidad de Garrido, corriendo a dar cuenta del desenlace a su amigo Guerra, la presencia de los compradores en el vestíbulo, la salida del «hermanísimo» para conocerlos personalmente y, en fin, los detalles cándidos de la escena ofrecen una divertida composición de lugar que merece plano aparte y destacado en la película del escándalo, porque constituye todo un retrato de las formas bajo las que iba subyaciendo la trama.

Pese a las evidencias de su conexión con COMASA, y a que su ex mujer Ángeles López denunció la existencia de un contrato privado para adquirir las acciones de Dolores García, Juan Guerra ha negado reiteradamente cualquier grado de relación con esta empresa. Durante las sesiones de la comisión investigadora municipal, Francisco López declaró que iba al despacho de la plaza de España «a diario», para «tomar una copa o un cafelito», según su campechana explicación. José Garrido reconoció asimismo su frecuente presencia en la delegación del Gobierno.

No se trataba, tampoco, de una amistad casual. Durante muchos años, José Garrido, que ejercía como decorador, trabajó asociado con Adolfo Guerra cuando éste se ganaba la vida como instalador de herrería y electricidad. La vieja amistad reverdeció en Mercasevilla, al aparecer uno como promotor de la empresa adjudicataria de la concesión y otro como miembro del equipo directivo que debía concederla. Por cierto que Adolfo, al ser citado por la comisión investigadora en 1990, culpó al alcalde Manuel del Valle de cualquier irregularidad que pudiese haber sucedido y, en declaraciones al diario *El Correo de Andalucía*, llamó «imbéciles y caricatos» a los miembros de la comisión, todos ellos concejales, y presididos por el propio Del Valle. Posteriormente, al ser presentada una querella por desacato, a instancias del andalucista José Hurtado, Guerra aclaró con toda seriedad en el juzgado que estas palabras las había proferido «sin ánimo de ofender».

La animadversión que Adolfo Guerra manifestó repentinamente contra Del Valle, el hombre que le había dado empleo en Mercasevilla, tenía un origen concreto, además de mostrar claramente que no era al alcalde, sino a su hermano Alfonso, a quien debía el puesto en el que trabajó cuatro años. Adolfo Guerra fue cesado por el director de Mercasevilla, Vicente Bernáldez, a raíz de la destitución de éste y como venganza por haber propiciado su caída en desgracia. La causa profunda del malestar estaba, naturalmente, en COMASA.

Bernáldez llegó a Mercasevilla a mediados de 1987, después de una tormentosa huelga de mayoristas de pescado que desabasteció a la capital durante el verano y se saldó con intervenciones de gran violencia policial, incidentes diversos y el cese de José Villa al frente del mercado central por exigencia de los pescaderos. El nuevo director, un hombre enviado por el presidente de Mercasa, Jesús Prieto, entró con espíritu conciliador, pero firme, y fue pronto instado por una asamblea de usuarios a tratar con mano dura a dos sociedades morosas: COMASA y Normafruiting, esta última relacionada con la distribución y recepción de frutas en el mercado. Bernáldez se sorprendió de la unánime animadversión de los mayoristas a estas dos empresas, efectivamente morosas, y fue informado, en la misma asamblea, de que los hermanos Juan y Adolfo Guerra estaban detrás de ambas sociedades o, más exactamente, que Juan estaba tras COMASA y Adolfo tras Normafruiting. Lo creyese o no, el director forzó al pago de sus deudas a las dos empresas, y mantuvo relaciones muy tensas con Adolfo Guerra. A los pocos meses, Bernáldez era un directivo en desgracia, y Manuel del Valle pidió a Jesús Prieto que lo llamase de nuevo a Madrid. Bernáldez accedió al retorno, pero con un precio: llevarse por delante la cabeza de Adolfo Guerra. Hubo una consulta de Del Valle al propio Alfonso, y finalmente Adolfo fue cesado simultáneamente con el director. El menor de los Guerra consideró que el alcalde le había vendido para evitar un escándalo.

La sombra del escándalo ha planeado en los últimos años sobre Mercasevilla. Durante la llamada «guerra del pescado», el más activo dirigente de los pescaderos, llamado José Vela Adame, declaró ante un concejal su convicción de que una parte del presupuesto de la construcción de la nueva lonja de pescado, llamada El Barranco, había financiado la campaña municipal del PSOE en 1987. El alcalde Del Valle, sabedor del rumor, indicó a la comisión investigadora que se incluyese también en su orden del día el examen de las cuentas de dichas obras, pero los partidos de oposición, centrados en la búsqueda de las huellas de los Guerra, no aparentaron mayor interés en el asunto. La pista de los hermanos Guerra era demasiado golosa para desviarse hacia una temática de carácter meramente local.

* * *

La actividad mercantil —por decirlo con palabra que es casi un eufemismo técnico— de Juan Guerra durante los años en que ocupó el despacho en la delegación del Gobierno en Andalucía fue tan intensa que arroja francamente la impresión de que no hubo actuación pública de relativa importancia en que *el Conseguidor* no mediase. No obstante, la realidad tiene mayores y diferentes matices. Guerra fue acumulando clientela a medida que se afianzaba su fama de desatascador de cañerías administrativas, pero no siempre tuvo éxito en sus gestiones, hasta el punto de que existen, de hecho, empresarios en Sevilla que aún guardan el resquemor de haber pagado en vano.

Dicho de otro modo: es posible que las gestiones prometidas por Juan Guerra no siempre se llevasen a efecto. Digámoslo con un ejemplo. Los directivos de fútbol conocen la figura típica de un intermediario que, en los momentos cruciales del campeonato, ofrece la posibilidad de «tocar» a un árbitro, y piden para ello una cantidad determinada. Si el club accede y entrega el dinero, la gestión puede no realizarse nunca. Simplemente, si el arbitraje es favorable y el equipo gana, el dinero es retenido y el juez deportivo, más o menos inocente, aparece ante el club pagador como un buen servidor de sus intereses. Si el arbitraje es imparcial, o negativo, el intermediario devuelve el dinero, musita excusas y espera mejor ocasión. Pues bien, en Sevilla existen personas que, al hilo del escándalo sobre Juan Guerra, comenzaron a sospechar que sus tratos con el inquilino del despacho habían sido falsos, es decir, que existía antes la información que la mediación.

En concreto, una conocida familia de industriales llegó a

hipotecar una finca para compensar una supuesta gestión del *Conseguidor* de cara a una importante contrata para obras relacionadas con la Expo 92. Cuando empezaron a conocerse pormenores de las actuaciones de Juan Guerra, la sospecha inicial de que éste podía haber dispuesto de información reservada antes de efectuar las gestiones se convirtió en obsesiva para algunos de los miembros del grupo empresarial. «No podréis demostrar nuestra vinculación», fue la respuesta que obtuvo la investigación iniciada al respecto por *Diario 16 Andalucía*, tras las habituales negativas de principio. Y obviamente, así era, como tampoco podrá demostrarse si Juan Guerra hizo o no las gestiones encargadas. Pero los nombres de un apoderado del grupo industrial, e incluso de uno de los miembros de la familia propietaria, figuran en frecuentes anotaciones en el libro de registro de visitas al célebre despacho. Y eso sí puede ser demostrado.

La trama de Juan Guerra creció, a lo largo de siete años, apoyada en dos pilares básicos. De un lado, la permeabilidad que ofrecía en ciertos niveles de la Administración el apellido familiar y, de otro, la ambigüedad de los propósitos finales del intermediario. Los alcaldes y cargos menores que fueron «tocados» por el «hermanísimo» temían, sin saber muy bien ante qué instancias se hallaban, una represalia contra sus posiciones si se negaban a acceder a las peticiones planteadas, represalia fácilmente concebible desde el momento en que los llamados guerristas copaban todos los niveles de decisión en el partido y, por tanto, la capacidad para nombrar los cargos y proponer las listas. De otro lado existía un grupo de personas, cuyo nivel de decisión era ya francamente más alto, para los que la presencia de Juan Guerra significaba, de una u otra manera, la presencia de un enviado del partido. Tal vez cuando los guerristas y otros dirigentes socialistas hablan de «abuso de confianza» para calificar la conducta observada por *el Conseguidor* no estén pensando sólo en la traición a la confianza depositada en él por su hermano el vicepresidente.

Porque lo que todos los socialistas tienen hoy claro es que, en un momento dado, Juan Guerra comenzó a trabajar sustancialmente para sí mismo. Aquí caben interpretaciones diversas, sobre todo en torno a si lo que hizo fue exclusivamente para sí o si amplió en su beneficio los porcentajes del cobro de favores teóricamente inscritos en el débito moral al partido. Lógicamente, los favores que un particular puede recibir de un partido no implican necesariamente el cobro de una comisión ilegal. Las ayudas para campañas electorales o donaciones voluntarias conforman una fórmula de apoyo económico absolutamente dentro de los márgenes normativos vigentes. Y Juan Guerra, por cierto, desempeñó funciones de gestión económica en casi todas las campañas electorales, hasta las municipales de 1987.

Claro que la ambigüedad en que presentaba sus asuntos se esfumaba en cuanto había dificultades y se convertía en pura franqueza. Un alto cargo de la Junta de Andalucía, ya fuera del Gobierno andaluz, le recibió una vez en su despacho oficial y oyó cómo le planteaba la conveniencia de efectuar una modificación al alza en la valoración de una finca rústica. Al obtener la negativa, Juan Guerra insistió y llegó a insinuar que el asunto era beneficioso para el Partido Socialista. El alto cargo permaneció firme y le observó que lo que le estaba planteando era absolutamente ilegal, y además deshonesto. Juan se levantó pero, antes de despedirse, dejó caer directamente la amenaza que reservaba para los momentos de fracaso.

—Está bien, tú verás. Lo último que puedo decirte es que Alfonso tiene mucho interés en este asunto. Esto te lo digo como amigo.

—Pues dile a Alfonso que me cese a través del presidente de la Junta, o de mi consejero.

Naturalmente, Juan Guerra no volvió y la represalia no se produjo. Es de justicia decir que las gestiones del *Conseguidor* tropezaron muchas veces con actitudes similares, cuando se trataba de personas con un sentido ético de la actuación pública y con seguridad en la base de sus decisiones. En otra ocasión, antes de 1986, un consejero del gobierno regional recibió la sugerencia, por parte de Juan Guerra, de beneficiar con una contrata a determinada empresa, alegando que se trataba de una sociedad controlada por el partido. El consejero llamó por teléfono a Aida Álvarez, intermediaria vinculada al aparato financiero socialista, y preguntó la relación de la empresa apoderada por Guerra con la estructura económica del PSOE. Aida Álvarez la negó tajantemente. (A título complementario, debe reseñarse en cualquier caso que el teléfono de Aida figuraba en las agendas del *Conseguidor* filtradas a la prensa durante los primeros meses de 1990, ya que ambos compartieron negocios inmobiliarios con el constructor madrileño Gustavo Durán.)

Los dirigentes más próximos a Alfonso Guerra consultados durante la elaboración de este libro sostienen, de hecho, la teoría del abuso de confianza. Las operaciones de Juan, apoyadas logísticamente en el despacho oficial, supondrían un grave abuso de la confianza depositada en él por su hermano el vicepresidente, favorecido por la presentación ambivalente de intereses ante miembros del partido con responsabilidades públicas, que eran confundidos por el uso del apellido Guerra, cuando no directamente intimidados mediante la utilización del nombre de Alfonso.

Estos dirigentes afirman que las líneas de financiación del partido iban por otro lado, y gozaban del conocimiento del propio José Rodríguez de la Borbolla. Un miembro de la ejecutiva regional durante la etapa en que la controlaba el presidente de la Junta, llamado Fernando Lappi, era uno de los vértices orgánicos de esta estructura, en la que participaban, más o menos directamente, empresarios cuya militancia socialista es conocida, como Rafael Álvarez Colunga y Manuel Domínguez Moreno. Este último, presidente de la Asociación Andaluza de Comercio Exterior, es considerado el hombre más próximo a la financiación «borbollista» del partido. Su nombre ha sido citado por los guerristas andaluces en los últimos meses como ejemplo de lo que, según ellos, podría haberle estallado a Borbolla de no haber mediado su aceptación de la derrota o de haber profundizado en las filtraciones del «caso Guerra». Domínguez, multimillonario reciente y en poco tiempo, aparece vinculado a empresas contratistas del Servicio Andaluz de Salud, donde la gestión financiera llegó a ser tan confusa que provocó en 1987 la dimisión de uno de sus gerentes, Antonio Valdivieso, apenas seis meses después de tomar posesión y espantado, según confesión propia, de lo que había visto.

La hipótesis más probable es la existencia de diversas líneas de aportación financiera, siempre desde la suposición de que se trata de estructuras legales, amparadas en lo que el novelista Tom Wolfe denominó «el banco de los favores». La línea que representaba Juan Guerra comenzó a dejar de resultar fiable en el momento en que los dirigentes del PSOE conocieron la existencia de maniobras particulares, que convertían al «colchón de seguridad» del partido en un jergón lleno de agujeros. Existe, además, la posibilidad de que al menos dos de estas líneas chocaran en un momento dado, concretamente a mediados de 1989, a propósito de la concesión por la Junta de la licencia para la construcción y explotación del casino de Sevilla. En este punto, el Gobierno de Borbolla adjudicó la concesión a una empresa constituida por los citados Álvarez Colunga y Domínguez en sociedad con los hermanos Franco, mientras Juan Guerra patrocinaba a los promotores del llamado casino de Oromana. Éstos contaban, además, con la anuencia del alcalde de Alcalá de Guadaira, Manuel Hermosín, que resultó absolutamente permeable a los intereses del *Conseguidor* en asuntos ya célebres, como el del escándalo del matadero municipal, reabierto gracias a Juan Guerra tras ser cerrado por malas condiciones higiénicas. Hermosín, el hombre que introdujo en el PSOE a Alfonso Guerra tiene, además, el respaldo de una de las agrupaciones más numerosas e históricas del socialismo andaluz, donde Guerra es un personaje más venerado que simplemente estimado.

Algunas de las actuaciones de Juan han estado vinculadas a ese segmento «histórico» del partido, en el que él vivió desde el comienzo y del que no se ha despegado realmente, al no tener que abandonar Sevilla. La operación más importante, en este sentido, fue la venta de la cooperativa Cunia a la empresa Focsa, del grupo Construcciones y Contratas, es decir, de los famosos *Albertos* Cortina y Alcocer.

Cunia fue una de las empresas cooperativas más vinculadas históricamente con el moderno PSOE, entre otras cosas porque a ella perteneció el padre de Felipe González, y porque aglutinó a gran número de pequeños ganaderos que contaron desde el principio con el apoyo económico, político e ideológico del partido, deseoso de fomentar modelos de cooperativismo con posibilidades de éxito. Su gerente, Cayetano Domínguez, antiguo concejal franquista, se pasó al PSOE en los primeros momentos de la transición, y consta como uno de los más frecuentes visitantes de Juan Guerra. Cunia recibió, en los primeros años ochenta, importantes subvenciones y créditos para su consolidación.

A la sede de la Central Lechera, situada en la carretera del aeropuerto, acudía con frecuencia el parado Juan Guerra para surtirse de leche y yogur que le era regalado por la empresa en los tiempos de vacas —nunca mejor dicho— gordas. Pero problemas de gestión comenzaron a cavar la fosa de la cooperativa, cuyas pérdidas llegaron en 1984 a 1 800 millones de pesetas, mientras sus socios pasaban de 2 800 a 700. Una serie de despidos originó una trifulca con la Guardia Civil en el aeropuerto de San Pablo, al negarse el vicepresidente Guerra, que regresaba a Sevilla, a recibir a una comisión de trabajadores de la empresa. Pero Alfonso, algo escaldado de que la prensa recogiera con tintes críticos su abandono de la otrora ensalzada cooperativa, y poco divertido con las pintadas alusivas que decoraban la zona este de la capital, encargó a Juan las gestiones para solucionar el conflicto. A partir de mediados de 1984, Juan Guerra se hizo asiduo de la sede de Cunia, y ya no era para llevarse yogur.

Las gestiones del *Conseguidor* debieron dar resultado, porque un año después, la constructora Focsa-Fomento de Obras y Construcciones anunció su propósito de quedarse con la central lechera, asumiendo sus deudas, a través de una sociedad llamada Prolan, creada al efecto. La extraña incursión de Focsa en el sector alimentario se correspondía en el tiempo con la adjudicación de las obras para la nueva estación central de Santa Justa, en Sevilla —casi cinco mil

Adolfo Guerra González, el menor de los hermanos del vicepresidente, con una mínima experiencia como inspector de abastos y director provisional de un mercado de barrio, fue incorporado por Manuel del Valle (en la foto) al equipo que se hizo cargo de Mercasevilla a la llegada de los socialistas al poder municipal.

Adolfo, al ser citado por la comisión investigadora en 1990, culpó al alcalde Manuel del Valle de cualquier irregularidad que pudiese haber sucedido y, en declaraciones al diario «El Correo de Andalucía», llamó «imbéciles y caricatos» a los miembros de la comisión, todos ellos concejales, y presididos por el propio Del Valle.

millones de presupuesto— y de un importante tramo, el inicial, de la llamada autovía del 92, el eje horizontal por carretera entre Sevilla y Granada, construido por la Junta de Andalucía. Además, y en un proceso no lejano en el tiempo, el grupo Construcciones y Contratas se hizo con destacados suelos recalificados en la zona de Nervión, el territorio de expansión del sector terciario de la capital.

Focsa, o Prolan, mostró poco interés en su nueva adquisición. Los nuevos dueños de Cunia hicieron despidos masivos —centenar y medio de personas—, sanearon la empresa y se la vendieron al grupo granadino Uniasa, uno de los más potentes del panorama económico andaluz, en 1988. Durante varios meses, uno de los pasos elevados que cruzan la autovía del aeropuerto mantuvo una pintada que Alfonso Guerra veía cada tarde de viernes al regresar desde Madrid, y que duró mucho más tiempo que otras similares surgidas en la barriada residencial de Santa Clara, junto a su domicilio: «Focsa y el PSOE hunden Cunia.» También durante muchas semanas, el vicepresidente vio al pasar, a través de los cristales tintados de su coche oficial, a un grupo de personas que, ante la puerta de Cunia, sostenían una pancarta —«Guerra, ayúdanos»— y gritaban al paso del vehículo a toda velocidad. Hoy, el episodio de Cunia hace torcer el gesto a los dirigentes socialistas más vinculados con las etapas iniciales del clan sevillano del PSOE.

Es probable que, en el caso de Cunia, la intervención de Juan Guerra fuera más bien un «servicio» al partido que una gestión de las que él consideraba «profesionales» —porque, según declaró en sus entrevistas televisadas de abril de 1990, él consideraba sus intermediaciones y operaciones mercantiles como su verdadero trabajo—. Juan siempre estuvo a disposición del partido, fuese para una campaña electoral, para una gestión determinada o para un servicio de seguridad, asunto que le gustaba de forma especial. De ahí que resulte extremadamente difícil separar, en la pegajosa tela de araña que confeccionó desde el despacho, sus gestiones de lucro personal y las que pudo realizar a título corporativo.

La vinculación del «hermanísimo» con el Partido Socialista y sus estructuras de responsabilidad le han puesto en más de un aprieto desde que se convirtió en el eje de una polémica nacional de gran escala. A este respecto, los ojillos pícaros y la expresión cínica con que miraba al periodista Jesús Quintero durante su entrevista en Canal Sur del 16 de abril de este año, cuando fue preguntado por la financiación de los partidos, decían, mientras negaban los labios, mucho más que cualquier declaración, tratándose al fin y al cabo de un hombre versado en los recursos de la picaresca. He aquí la transcripción de ese diálogo, por cuanto, aun cuando falta el complemento esencial del brillo de la mirada, resulta significativo por su propio contenido.

QUINTERO: ¿De dónde sale el dinero de los partidos?

JUAN GUERRA: No lo sé exactamente. Nunca he sido secretario de financiación de ningún partido, pero yo creo que todos los partidos se financian del mismo modo. ¿Usted conoce algún partido que se financie de algún modo especial? Yo no lo conozco.

QUINTERO: ¿De qué modo?

JUAN GUERRA: No lo sé.

QUINTERO: No se sabe.

JUAN GUERRA: Yo no lo sé.

QUINTERO: ¿Se sabe que gastan más dinero del que tienen?

JUAN GUERRA: Tampoco lo sé. Sinceramente se lo digo. Yo sé que tienen deudas porque lo leo en la prensa. Si tienen deudas será porque gastan más de lo que tienen.

QUINTERO: Pero no se sabe de dónde sale.

JUAN GUERRA: Yo no lo sé. Eso lo sabrán los secretarios de finanzas de cada partido, ¿no?

QUINTERO: Pero hace suponer que hay gato encerrado.

JUAN GUERRA: Yo, no... suponer... yo no lo sé... yo no lo soy. Yo no soy tan... yo soy muy torpe. Yo no tengo la listeza que usted tiene. No veo gato encerrado por ningún lado.

QUINTERO: Si usted dice que gastan más dinero del que tienen...

JUAN GUERRA: Yo digo que deben dinero. Que cómo sé que deben dinero, deben de gastar más porque si no, no deberían... eso es lo que yo digo.

El Partido Socialista, indudablemente, se desmarcó rápidamente de las actividades de Juan Guerra en cuanto estalló el escándalo. El número tres de la organización, Txiqui Benegas; el presidente del grupo parlamentario en el Congreso, Eduardo Martín Toval; y el secretario general de los socialistas andaluces, Carlos Sanjuán, hombres todos ellos de la órbita inmediata del vicepresidente, coincidieron durante el mes de enero de 1990 en afirmar que habían obligado a Juan a salir del despacho oficial a raíz de los primeros indicios de polémica, hacia mediados de 1989. El interesado lo negó tajantemente en TVE, ante la periodista Mercedes Milá: «Me fui porque mis negocios tenían ya un volumen que requerían establecerme por mi cuenta», dijo en televisión.

* * *

Lo cierto es que en el Partido Socialista llegó a cundir la alarma ante el crecimiento de la trama. En cierta ocasión, el senador Joaquín Galán, un hombre que perteneció al entorno de confianza de Rafael Escuredo y posteriormente al de Rodríguez de la Borbolla, encontró al guerrista Enrique Linde, a la sazón consejero andaluz de Gobernación, y le espetó el asunto a bocajarro, aprovechando que ambos acababan de ver al *Conseguidor* en los pasillos del parlamento autónomo.

—Oye, Enrique, lo de Juan habría que decírselo a su hermano antes de que pase algo gordo.

La respuesta de Linde fue rápida y sin matices.

—Que se lo diga otro.

Ésa era la cuestión. Ya se lo habían dicho, o insinuado, alguna otra vez, siendo Borbolla secretario de la ejecutiva regional del PSOE. Pero acaso los mensajeros utilizados no se atrevieron, como Linde, a transmitir el mensaje de manera directa. Al fin se lo dijeron, y luego hubo que decírselo al mismo interesado. Entonces fue cuando Juan se marchó.

Se lo dijeron en dos tiempos. Primero, Alfonso Garrido hubo de sacarlo de la delegación del Gobierno, pero recurrió a la solución intermedia de trasladarlo al viejo Gobierno Civil, en la torre gemela de la plaza de España. Finalmente, seis meses después, se le dijo que se marchara definitivamente. Para ese tiempo, mediados de 1989, ya había creado una estructura suficiente para establecerse por su cuenta y seguir jugando con el fuego de la ambigüedad, con la confusa presentación de su apellido. El despacho ya no le era necesario, y podía moverse más tranquilo a su aire, como uno de los empresarios de la órbita del partido a quienes conocía bien y a quienes ya había comenzado a tratar de parecerse. La gestión de Barbate, a finales de ese año, muestra bien a las claras que, dentro o fuera del despacho, Juan Guerra seguía siendo Juan Guerra para muchas personas del Partido Socialista.

Juan puso, no obstante, cierto cuidado en no cruzar orgánicamente su patrimonio con las gestiones que llevó a cabo en nombre del partido. Para la creación de su propio entramado utilizó a un reducido número de personas de estrecha confianza, según el modelo que aprendió de su hermano Alfonso cuando éste organizaba el crecimiento del PSOE y su estructura de seguridad financiera. Realmente, Juan Guerra sólo se fiaba estrechamente de cuatro personas, ninguna de las cuales destacaba por su perspicacia para los negocios ni por su experiencia empresarial o industrial. Juan no quería sombras.

Estas personas eran su compadre Francisco López Martín y tres amigos de los tiempos difíciles: José Garrido López, Juan José Arenas Casas y José María Ramos Reina. Sus nombres aparecen, juntos o por separado, en todas las sociedades creadas por Juan Guerra con o sin su participación personal, y ellos eran quienes, en caso de problemas, debían dar la cara para evitar comprometer la delicada situación del «hermanísimo». Otros dos ciudadanos de oscura procedencia profesional y vinculación estrecha con el PSOE,

José Antonio Bellamy Pozo y José Pardo García —llamado *Pepe* en algunos apuntes del libro de visitas de la delegación del Gobierno, tal era la frecuencia con que acudía—, completaban la estructura fiduciaria organizada por Juan en torno a sí mismo. El último de los citados fue condenado por cohecho durante su etapa de funcionario de la Seguridad Social andaluza. Guerra no los había reclutado, precisamente, en la universidad. Pero *el Conseguidor* confiaba más en eso que da en llamarse la universidad de la calle.

Con la empresa El Corral de la Parra como buque insignia —el nombre procede de un solar de la céntrica calle Monsalves de Sevilla, que constituyó la primera adquisición de la sociedad, en marzo de 1988— el holding de Juan Guerra creó en el plazo de dos años un respetable patrimonio industrial, inmobiliario y monetario. Antes, Juan había fundado una pequeña empresa de ediciones, llamada Nagusa, que consiguió algunos contratos de la Administración y llevó adelante encargos electorales del partido. Desde el 86 existía COMASA y desde octubre del 87 funcionaba DAROM. Pero fue entre 1988 y 1989 cuando el «hermanísimo» aceleró su locomotora comercial, ya francamente decidido a sentar las bases de su futura independencia.

De diciembre de 1988 data Fracosur, con Ramos Reina y Bellamy, sociedad compradora de la finca «La Carrascosa», del INI, investigada por el fiscal de Sevilla como presunta venta fraudulenta, al ser adquirida a la mitad de precio de su última peritación. De primeros de ese mismo año es Cosmosat, con Juan José Arenas al frente, dedicada a la venta de antenas parabólicas, aunque fracasó al hacerlo el experimento de Canal 10. A mediados de año se fecha la constitución de Elecpor, con Ramos Reina y el propio Juan Guerra, dedicada a la venta de material eléctrico y montajes. De setiembre es HRT, creada en Madrid, posteriormente administrada por Juan José Arenas a raíz de que El Corral de la Parra le vendiera una casa en Sevilla.

Todo iba creciendo. En 1985 Juan Guerra y José María Ramos habían entrado como delegados en Andalucía de Samart, empresa de matrículas de automóviles e instalación de alumbrado que logró en 1989 la adjudicación de suministro para los vehículos de la Expo 92 y del Ministerio del Interior, ante las protestas del gremio, que consideraba no homologados los modelos de la empresa. En los últimos cinco años, Juan Guerra visitó también a algunos alcaldes —los de Jaén y Alicante han dado fe de esos viajes— para ofrecer suministro de farolas. En enero de 1989 se constituye CIMPA, con mayoría de la empresa Corral de la Parra y en asociación con la empresa CIMSA, para la que había hecho gestiones ante la Administración un ciudadano llamado Antonio Guerra, a la sazón miembro de la saga y testaferro de su hermano Juan en algunas operaciones. Meses después se abre en la céntrica Puerta de Jerez de Sevilla el comercio Ubrique, de artículos de piel, regentado por Maribel García Valverde, compañera de Juan Guerra. La campaña publicitaria de esta tienda fue encargada por Juan directamente desde el despacho oficial, en abril del 89. Y en octubre se constituye Puerto Zahara, la primera gran operación de calado de varios miles de millones de pesetas en la que es detectado *el Conseguidor*, por razones de indiscreción ya conocidas.

Simultáneamente a todo eso, el patrimonio inmobiliario experimenta el mismo aumento geométrico. A los pisos de la urbanización Jardín Atalaya, de Camas, donde vive su familia, se suma una planta completa de la calle Colombia, 15 —zona de El Porvenir, de alta revalorización como barrio residencial— gracias a la mediación de Juan José Arenas y la disposición de un constructor llamado Fernando Méndez, asiduo visitante del despacho de plaza de España según el registro oficial. Otro piso en Jardín de los Capuchinos, otro en la barriada Rochelambert —que no es precisamente el centro terciario de la capital—, dos garajes en Los Remedios y, como espléndido colofón a una tarea de la que el vicepresidente negó en el parlamento estar informado, el propio piso de Alfonso Guerra en la calle Pedro Pérez Fernández pasa a poder del *Conseguidor* por algo menos de tres millones de pesetas, según la escritura.

Y luego, el campo. De la diversificación del patrimonio

del holding da fe la existencia de las fincas «La Carrascosa», en Guillena —50 hectáreas—, «La Alegría», en Sanlúcar la Mayor, «Las Brujas», en Espartinas —30 hectáreas—, donde tiene su residencia actual, y «La Zamarrona», en El Pedroso, 350 hectáreas. Además, los periódicos y revistas le adjudican también la propiedad de «El Toril» y el «Rancho Reina», en Mairena y Morón, respectivamente. En «La Zamarrona», una finca en plena sierra Norte de Sevilla, lucen de nuevo las extrañas facultades del *Conseguidor*, que la compró a través de Juan José Arenas a la firma naviera de Huelva Consignaciones Álvarez Entrena, por 75 millones de pesetas. Pago al contado. Al poco de la venta, la Confederación Hidrográfica del Guadalquivir concede ampliación de regadío tras una larga etapa denegatoria a la anterior propiedad, y poco después aparece un expediente expropiatorio para una presa. La indemnización a pagar será ya como tierra de regadío. Arte de birlibirloque. Arte del *Conseguidor*.

Cuando, entre marzo y abril de 1990, el juez sevillano Ángel Márquez Romero comenzó a examinar los expedientes de la investigación que la policía judicial había llevado a cabo por indicación del fiscal de la audiencia, le llamó la atención el hecho de que las empresas de Juan Guerra habían comprado mucho más de lo que habían vendido. El origen del dinero de estas operaciones, la mayoría al contado, levantó sus sospechas, y se inició una nueva investigación que, en el momento de cerrar este libro, estaba aún inconclusa. Una empresa inmobiliaria, llamada HRT, era el centro de la posible trama, en la que policía y juez sospechaban la existencia de operaciones de blanqueo de dinero, procedente de empresas de seguros y librado mediante talones del Banco de España. De hecho, Juan Guerra llegó a declarar al fiscal sevillano Alfredo Flores que había efectuado un pago de veinte millones de pesetas, para la compra de una finca, con dinero que uno de sus socios había ganado en el casino Bahía de Cádiz, típico y tradicional procedimiento de «lavado» de dinero.

Pero la trama más compleja de todas las actividades

desplegadas por Juan Guerra es la que le vincula a operaciones de juego. El juego, fundamentalmente a través de las máquinas tragaperras, ha sido uno de los sectores con mayor expansión durante la década de los ochenta, moviendo decenas de miles de millones de pesetas. El Gobierno socialista, tras unos primeros compases de política restrictiva, cambió su orientación y libró manga ancha para esta industria, que en comunidades de poco desarrollo económico, como Andalucía, se convirtió en un filón inagotable.

Las relaciones de Juan Guerra con el juego parecen tener varias ramificaciones, aunque él las negó tajantemente en sus archicitadas declaraciones televisivas, donde parecía mostrar la seguridad de quien sabe que su nombre no figura. De un lado aparece su amistad con el empresario ecijano Manuel Alejandro Mora, industrial de artes gráficas que se benefició de información privilegiada para comprar y vender más de 300 guías —autorizaciones— de máquinas tragaperras. Las guías fueron compradas antes de que la Junta de Andalucía cambiase la normativa sobre estas máquinas, y se vendieron después. La operación le permitió embolsarse a Mora más de 250 millones de pesetas, y el nombre del inspector general de Juego de la Junta, Isidoro Beneroso Álvarez, consta en el libro de visitas de Guerra.

De otro lado, un empresario judío llamado Jaime Cohen, investigado por los servicios secretos por dudosas conexiones internacionales, utilizó a Juan Guerra para la reapertura del bingo Betis, cerrado en la calle República Argentina por incumplir la normativa municipal. El bingo fue reabierto. Cohen negó su relación con *el Conseguidor*, pero al hilo de las denuncias al respecto, el titular del juzgado número 5 de Sevilla, Antonio Moreno Andrade, reabrió el sumario iniciado en 1986. En esas fechas, la policía sevillana investigó a Juan Guerra por su relación con personas que eran objeto de seguimiento e investigación, entre ellas el citado Cohen y otro empresario, llamado Enrique Schwartz, a quien le llegaron a intervenir el teléfono de una empresa (Cadexsa) y una finca («El Toril») asimismo relacionadas con operaciones del «asistente». El informe policial fue elevado al Gobierno, con el presumible conocimiento de su vicepresidente.

Por último, la relación más dudosa de Juan Guerra en el terreno del juego estuvo en sus gestiones para la autorización de un minicasino en la avenida de la Palmera de Sevilla, en noviembre de 1985. Este casino, que funcionó menos de un mes antes de ser cerrado por la policía, fue abierto por un grupo de marselleses entre los que se encontraba Charles Gaston, personaje relacionado con los GAL según uno de los condenados por actividades de este grupo, Alain Parmentier. Gaston actuaba en el casino sevillano junto a su cuñado Edouard Mari-Chica, afincado en Marbella, y ambos se reunieron con Juan Guerra en una venta de Alcalá de Guadaira llamada «Venta Pinichi». Durante el tiempo que funcionó el local, denominado La Solana, actuó como cajero Félix Parra, hermano de Julián Parra, el ordenanza de la delegación del Gobierno que ejerció durante varios años como hombre de confianza de Juan Guerra.

Esta relación entre el «hermanísimo» y Charles Gaston fue igualmente detectada por la policía. El jefe superior de Sevilla en aquella época, José Manuel Blanco Benítez, un profesional escrupuloso que dimitió de la Dirección General a consecuencia del «caso Arregui» en 1981, efectuó un prolijo seguimiento de las actividades de Juan Guerra en este oscuro campo del juego y sus zonas de sombra. El comisario jefe de Interior, Alberto Elías, fue el hombre que encargó el trabajo, y su informe fue solicitado por el fiscal Alfredo Flores a la Dirección General de Policía.

La policía ha vuelto a seguir los pasos de Juan Guerra durante la investigación ordenada por el fiscal de la audiencia de Sevilla, entre enero y marzo de 1990. En concreto, miembros de la policía judicial sevillana se desplazaron a Valencia en la semana del 12 al 18 de marzo, tras la pista de algunas conexiones relacionadas con operaciones financieras a través de intermediarios. Se sabe que Guerra tenía relaciones con el ex consejero de Obras Públicas de la Generalitat valenciana, Rafael Blasco, que fue cesado por presuntas irregularidades en su departamento, así como con unos empresarios franceses vinculados al socialismo galo.

Las incursiones de Guerra en el proceloso terreno del juego han sido negadas por él con una reiteración contundente y, en algunos casos, como el de su desconocimiento de Jaime Cohen, contradictoria, ya que el judío sí manifestó conocerle, aunque negó relaciones profesionales o industriales. Pero la evasiva más curiosa, o divertida, de las que el «hermanísimo» ha pronunciado hasta ahora sobre cualquiera de sus actividades «mercantiles» fue la que efectuó en una de las entrevistas que concedió en abril de 1990 como parte de la ofensiva de imagen que abrió en los medios de comunicación. Juan Guerra contestó de este modo a una pregunta del periodista de *Tiempo* Santiago S. Traver sobre la operación de Recreativos Astigi, la empresa de Manuel Alejandro Mora que revendió las licencias para tragaperras poco después de la autorización de la Junta:

«Yo no he intervenido para nada. Ahora me han dicho que en eso de las tragaperras hay un Juan Guerra que se llama como yo; tal vez sea ése... yo no he intervenido, y hablan de que ha sido el último golpe de Juan Guerra.»

# Lo que vale una familia

*Un personaje de caricatura • El universo de la neopicaresca • Historia castiza de una pistola perdida • «Rocco y sus hermanos» • Guerra rico, Guerra pobre • Manolo, crítico y locuaz • El vino de las tabernas • Bailar con un extraño • Mariscos en el Sena • Antonio, el testaferro • Una visita incómoda a Moncloa • Bestsellers a la vista*

El 1 de febrero de 1990, el vicepresidente del Gobierno, Alfonso Guerra, declaró en el Congreso de los Diputados que conocía el caso de personas que habían pedido créditos en algún banco exhibiendo, a modo de aval, una fotografía suya con dedicatoria. Guerra pretendía, con esta salida anecdótica y caricaturesca, defenderse de las acusaciones de encubrimiento de tráfico de influencias realizado a partir de su apellido, en especial por parte de su hermano Juan. Aquella tarde, de la que incluso muchos parlamentarios socialistas guardan uno de los peores recuerdos de su carrera política, ninguno de los miembros de la oposición sabía, tal vez, lo suficiente para replicar al vicepresidente con la identidad del hombre que más profusamente había exhibido esa clase de fotos en despachos, oficinas y hasta en el mismo palacio de la Moncloa: Antonio Guerra González.

La realidad es que la presencia de Antonio Guerra, uno de los hermanos mayores del vicepresidente, en el entramado de negocios urdidos por Juan alrededor del uso más o menos confuso de su apellido introduce un factor tan desequilibrador en el escándalo que hasta podría favorecer los argumentos defensivos de los implicados en él. La imagen de este hombre de 61 años, apodado *el Patillas* en la barriada sevillana donde vive, con su estampa castiza, mellado y con dientes de oro, embutido en trajes de marca con una inevitable falta de familiaridad, arrastrando su peculiar acento de andaluz tópico y mostrando ante ejecutivos de la Administración pública una estampa recordatorio de la primera comunión de Alfonso Guerra resulta, probablemente, el mejor antídoto visual contra la idea de que tras el gran tinglado operativo de los hermanos Guerra pudiera subyacer un montaje financiero del partido más poderoso de España.

Es preciso, desde luego, poseer un aceptable nivel de información específica para admitir que semejante personaje pudo formar alguna vez parte del entramado fiduciario de Juan Guerra, cobrar comisiones y hasta ser recibido —¿qué oculta intención, qué maniobra de la *beautiful people* socialista habría detrás?— por el mismísimo subgobernador del Banco de España, Luis Ángel Rojo, para una mediación financiera. Si no hubiera mediado la denuncia explícita de un compañero de correrías del *Patillas*, que facilitó a dos revistas documentación y relato de las andanzas de ambos, ningún ciudadano medianamente razonable hubiera dado crédito a la posibilidad de que un tipo tan estrafalario y semianalfabeto ejerciese de comisionista utilizando su apellido para abrir puertas de instituciones públicas del Estado.

Antonio Guerra González es, simplemente, un pobre hombre. Carente de la educación secundaria que pudieron iniciar sus hermanos menores, aficionado impenitente a la bebida y a la jarana —lo que en Sevilla llaman el «cachondeo»—, su introducción en la trama de los negocios de Juan Guerra sólo puede explicarse desde un cuadro de degradación ética generalizada, en el que especuladores carentes de escrúpulos se hacen pasar por empresarios, jubilados sin criterio son utilizados como intermediarios y administradores y cargos públicos corrompidos se entregan a un arbitrario baile de decisiones que afectan al patrimonio general. Las andanzas del ciudadano Antonio Guerra, utilizado por su hermano para gestiones poco deseables y manipulado por un grupo de industriales de pocos miramientos que le daban el tratamiento utilitarista y burlón que Sancho Panza recibía en sus sueños de Barataria, constituirían un espectáculo astracanesco si no se hubiesen producido realmente, con detalles tan sarcásticamente comprometedores como un documento de la empresa murciana Grupo Tres en el que se explica cómo «el señor Guerra domina ampliamente los sectores de marketing empresarial y político».

Este universo picaresco, uno o varios grados por debajo del que conformaba el mundo operativo de Juan Guerra, da sentido a escenas con ribetes de chafarrinón castizo, versiones actualizadas del esperpento solanesco que, de repetirse con otros protagonistas, causarían solaz a un observador con la escuela dramática de Alfonso Guerra. El periodista sevillano Pedro Barbadillo publicó en el mes de abril de 1990 en la revista *Tribuna*, un relato de un ex brigada del Ejército y militante del PSOE llamado Antonio González, compañero y amigo de Antonio Guerra, en la que éste, desde un punto de vista exculpatorio, narraba la siguiente escena, cuyos personajes y situaciones resultarían perfectamente propios de una película de Berlanga:

«Antonio y yo fuimos juntos a una armería de Sevilla para que me adaptaran el cargador de mi pistola reglamentaria, y él se quedó encargado de recogerlo, como persona de confianza mía que era. Entonces, cuando él fue, se llevó la pistola y la licencia, pero llegó tarde y estaba cerrado, de modo que se la metió en el bolsillo de atrás del pantalón y tomó un taxi, con dos personas más que iba, dos empresarios amigos. Pero como iba un poco borracho se dejó olvidada la pistola en el asiento. Entonces el taxista, que había escuchado decir a Antonio que era hermano de Alfonso Guerra, se asustó un poco, cogió la pistola, la llevó a la comisaría de la Ciudad Jardín y dijo que era de un hermano de Alfonso. Como a Antonio no lo conocía nadie, los policías pensaron que el que había perdido el arma era Juan, y uno de los superiores se lo dijo al gobernador. Aquello creó un follón de muchísimo cuidado, y a mí me procesaron por lo civil y por lo militar. Al final me absolvieron, pero lo más grave fue que la cosa llegó a oídos de Alfonso, que debió de dar instrucciones y desde entonces Juan se negó a recibirme en su despacho.»

El episodio del brigada González —la pistola, *el Patillas* borracho fanfarroneando en el taxi, la sorpresa de los policías y del propio Juan Guerra, la bronca de Alfonso— es, verdaderamente, un seductor fragmento de una tragicomedia real, como lo es la profusa y simbólica identificación de sí mismo que efectúa el protagonista del relato, a decir del propio brigada. «En cuanto conoce a alguien, lo primero que le pregunta es "¿pero tú no sabes quién soy yo? Yo soy el hermano de Arfonso", y luego se saca de la cartera una estampita de la primera comunión de Alfonso, una foto de él en el despacho, dedicada, y otra foto de un niño chico en pelotas a la que él le ha puesto en la mano el capullo del PSOE.» Éstas eran las credenciales con las que un hombre se ha paseado por despachos oficiales de España solicitando, si no créditos, sí gestiones y favores que, en varias ocasiones, le han sido concedidos. En este punto, al menos, Alfonso Guerra no mintió al Congreso.

Las curiosas credenciales de Antonio Guerra le sirvieron también, en una ocasión, para una fanfarrona demostración de prepotencia. Antonio tenía una pistola de aire comprimido, entregada ante testigos por un ciudadano al que le fue requisada, y que no necesitaba permiso pese a ser una excelente imitación de las Parabellum de gran calibre. En el bar de la industria Agropecuaria Ubense, el matadero de Alcalá de Guadaira, durante una de sus habituales juergas tabernarias, exhibió el arma ante la parroquia, donde rápidamente le preguntaron si tenía licencia para llevarla. *El Patillas* sacó entonces, pomposamente, la foto dedicada de su hermano Alfonso, y la colocó en el mostrador de la barra. «Ésta es mi licencia», concluyó.

Antonio —casado, dos hijos, jubilado de la empresa Santa Bárbara a raíz de un infarto de miocardio— fue el tercero de los hermanos Guerra que decidió sacarle partido a la existencia de un vicepresidente en la familia. Alejado del ambiente de los más pequeños, lanzado de carácter y con el atrevimiento de su escasa preparación, *el Patillas* —cuyo apodo deriva, obviamente, de unas largas patillas de bandolero serrano que le adornan el rostro— se coló de rondón en el entramado tejido por su hermano Juan, quien se vio impotente para mantenerlo alejado y decidió, en algún momento, que podría utilizarlo de testaferro para darle a ganar algún dinero. De este modo, a partir de 1986, fecha del *affaire* del matadero de Alcalá de Guadaira, en cuya reapertura intervino Antonio junto al citado brigada González —y siempre bajo la dirección estratégica de Juan—, el número de Guerras en proceso de desclasamiento se incrementó en uno más. Aunque fuera con un toque chapucero hasta entonces inédito en la trama.

El domingo 22 de abril de 1990, los dibujantes Gallego y Rey sorprendían a los lectores del dominical del diario *El País* con una nueva y excelente interpretación humorística del clan de los Guerra. Utilizando el esquema de una película de Visconti, cuya devoción ha elogiado hasta la caricatura el vicepresidente del Gobierno, los populares dibujantes —que ya habían inmortalizado al dúo de Alfonso y Juan como peculiares Rómulo y Remo y como robalimones del huerto machadiano— convertían a la familia sevillana en una nueva versión de *Rocco y sus hermanos*, donde Alfonso sustituía al aprendiz de boxeador y Juan, Adolfo y Antonio representaban al resto de los miembros de aquel grupo de emigrantes que intentaba abrirse camino en la Milán de los primeros sesenta. Además de las connotaciones de clan que el dibujo hacía aflorar de manera inmediata, la elección de Gallego y Rey no podía ser más acertada, al situar a los hermanos Guerra en el sustrato contextual de un esfuerzo por el desclasamiento desde un origen social y económico sumamente humilde. Una esfera donde aún siguen la mayoría de los miembros de la saga, que mantienen, acaso a su pesar, la dignidad empobrecida del mismo ambiente en que crecieron y se desarrollaron.

Porque los Guerra son pobres. Junto al espectacular enriquecimiento súbito y vertical de Juan y junto a la desahogada posición de Adolfo, la mayoría de los hermanos del vicepresidente vive, tal vez a su pesar, en la misma situación económica, social y hasta física —en los mismos suburbios sevillanos— en que se hallaban antes de que Alfonso Guerra llegara al poder. Es probablemente este contraste familiar el más duro espejo ético para la imagen de unos hermanos cuyo salto cualitativo hacia unas formas de vida diferentes tiene a la política como eje de catapulta, y se trata de un factor que no ha dejado de ser apreciado por los propios miembros menos favorecidos del clan.

Los hermanos Guerra son, a este respecto, especialmente duros con la figura de Juan. Mientras a Alfonso lo quieren y respetan como el elemento más inteligente, despierto y triunfador de la familia, y comparten, por lo general, el orgullo de su ascenso, los Guerra observan un patente distanciamiento hacia el hermano que se desclasó de forma más abrupta. Para comprender este sentimiento hay que situarse en el medio urbano y social en que se mueve la mayoría de la familia —las barriadas sevillanas de Los Pajaritos, la Candelaria, el Tiro de Línea, sectores de aluvión construidos durante el desarrollismo del final de la dictadura, geografía de la depresión marginada incluso en el festival de inversiones del 92—, las pesadas condiciones de vida que soportan, la existencia de uno o más parados en cada núcleo familiar y, en general, la sensación de falta de asistencia y de más o menos resignada aceptación de que el proyecto de cambio abanderado por su hermano Alfonso no termina de transformar sustancialmente la existencia real de la clase a la que pertenecen. En este contexto de relativo fracaso, el cambio experimentado por Juan desde una posición que ellos han visto siempre como lejana, pese a estar en la misma ciudad, ha acabado por parecerles una especie de traición o, cuando menos, de insolidario abandono.

En los últimos años, los Guerra han visto muy lejos a Alfonso, pero lo han comprendido. Para ellos, su hermano preferido, el más listo, el ojito derecho de su padre, el primero que pudo ir a un colegio privado —«de pago», como se dice en Sevilla— les ha sido arrebatado por la fuerza superior del bien común, por algo que podría definirse como la razón del Estado, y lo aceptan. Desde una posición genéri-

Antonio Guerra González es, simplemente, un pobre hombre. Carente de la educación secundaria que pudieron iniciar sus hermanos menores, aficionado impenitente a la bebida y a la jarana —lo que en Sevilla llaman el «cachondeo».

De cara al exterior, es sólo Manuel Guerra González el que arroja una fuerte impresión de independencia.

De las otras hermanas, sólo una, Encarna, milita en el PSOE. Encarna es pintora de cuadros «naïfs», y ha expuesto alguna vez en la localidad gaditana de Chipiona.

camente alejada de la política —sólo Antonio y Encarna son militantes del PSOE, además de los tres pequeños— los hermanos Guerra contemplan el alejamiento de Alfonso como algo inevitable, necesario, bueno para ellos y para el país y, además, con un innegable sentido del orgullo.

Pero lo de Juan es diferente. Juan ha estado en Sevilla, fue asequible en los primeros años de poder, pero luego comenzó a ejercer más bien de parachoques, a levantar un muro de frialdad y distancia que terminó con consignas tajantes, como la de no ir a verle al despacho de la plaza de España o la recogida de fotos familiares que emprendió pocas semanas antes de que estallara el escándalo sobre sus negocios privados. Juan, que era el cordón que unía a la familia con un Alfonso entregado al Estado, terminó siendo más bien como esos escoltas de seguridad que cumplen las consignas más a rajatabla que su propio protegido. Y aunque sólo un hermano —Manuel, el más locuaz— lo diga en voz alta, todos comparten un poco esa sensación amarga de alejamiento.

De cara al exterior, es sólo Manuel el que arroja una fuerte impresión de independencia. Durante los meses del escándalo, los Guerra y sus familias sufrieron una fuerte crisis, al verse inevitablemente afectados por algo que en realidad no comprendían. El teléfono de Julia, la mayor, no dejó de sonar en las primeras semanas, por el mero hecho de figurar en la guía telefónica con sus dos apellidos. Periodistas en legión, curiosos, vecinos, se les echaron encima en busca de testimonios sobre el hermano cuestionado y, por extensión, sobre el sistema de relaciones establecido en la familia. Casi todos reaccionaron igual. Hablaron un poco al principio, con discreción, y luego fueron llamados al orden hasta la cerrazón absoluta, especialmente después de que Manuel, el independiente, dijera algunas inconveniencias.

Las inconveniencias de Manuel tampoco habían sido las primeras. En abril de 1987, durante un conflicto laboral, por regulación de empleo, en la empresa Santa Bárbara, a la que los Guerra estuvieron siempre vinculados a través de su padre —y en cuyas instalaciones vivieron muchos años—,

Manuel no dudó en manifestarse contra el Gobierno, haciendo declaraciones a la prensa y provocando un serio malestar en la Moncloa y en el despacho del «asistente». Las fotos de un hermano del vicepresidente tras una pancarta con la leyenda «Felipe, Guerra, Santa Bárbara no se cierra» dieron la vuelta a España y sentaron francamente mal en el entorno de Alfonso Guerra. «Yo soy tan socialista como él, y estoy dispuesto a ir en la marcha a Madrid», declaraba Manuel en la prensa ante la desesperación de sus hermanos en el poder.

La línea crítica del quinto de los hermanos —58 años, pensionista jubilado de Santa Bárbara, seis hijos, uno de los cuales escribe cuentos y publica en el periódico *El Independiente*—no se detuvo en el conflicto de la vieja empresa militar. Desde los primeros meses de 1990, a partir del comienzo de la polémica sobre los negocios de Juan Guerra, las palabras fáciles de Manuel volvieron a ocupar cuotas de papel en la prensa diaria y semanal. Palabras fáciles y resentidas, porque no es difícil ver en sus toscas ironías un poso de resquemor ante la postergación sufrida en comparación con sus hermanos pequeños.

Fue en esos momentos, en que recibía numerosas visitas de reporteros, cuando Manuel lanzó, a humo de pajas, la denuncia de que Juan colaboraba con el proyecto Costa de Doñana. Semejante afirmación puso literalmente a cien por hora a la mitad de los periodistas de Andalucía, golosos ante la posibilidad de unir los dos escándalos más importantes ocurridos en el sur durante los últimos años. Pero, excepción hecha de los trabajos efectuados por Darom para el ayuntamiento de Almonte, la conexión denunciada por Manuel Guerra quedó sin demostrar. Era, en realidad, un asunto tan cuestionable como cualquiera de las críticas que vertía este hermano dicharachero y autocomplacido, un hombre que gusta de escucharse y que solía hacer las confidencias a los periodistas tras unos largos prolegómenos sazonados por el tinto.

No es Manuel, desde luego, el único Guerra amigo de la privanza y las libaciones, bebedor del machadiano «vino de las tabernas». Contra la sobriedad inapelable del vicepresidente, la tendencia de la mayoría de los hermanos a iluminar con alcohol las penas de su existencia es un fenómeno bien sabido por quienes conocen a Antonio, Manuel y Adolfo. El primero, además de dejarse pistolas en los asientos de los taxis, es un afamado jaranero en los bares y tabernas de su barrio, donde ya en 1983 —según los reportajes de Carmen Rigalt para *Diario 16*— gozaba de fama de «cachondo». En los momentos culminantes de su alegría artificial, Antonio Guerra suele últimamente desplegar un numerito muy celebrado por los parroquianos del bar de La Dolores, en la barriada de Santa Bárbara. Se coloca el vaso en la cabeza, y empieza a bailar sevillanas, rumbas y fandangos haciendo visajes bajo un muñeco de feria que cuelga del techo por los pies, y que representa a su hermano Alfonso con trazos de caricatura grotesca. La escena, jaleada por los parroquianos, no la mejorarían al alimón Valle, Solana y Berlanga en sus momentos estelares de inspiración literaria.

Tampoco Adolfo, el más pequeño —el más listo, según Manuel— de la familia, escapa a la afición por la bebida. Los mayoristas de Mercasevilla conocen sus airados «prontos» motivados por un estado anímico exageradamente estimulado, y es famosa en estos círculos la tormentosa reunión, ya citada, en que los usuarios del mercado central hispalense solicitaron al recién llegado director, Vicente Bernáldez, que actuase contra las empresas morosas. En aquella tumultuosa asamblea, Adolfo abandonó la sesión visiblemente alterado, insultando por doquier y con claros síntomas de hallarse bajo efectos de intoxicación etílica.

Existe otra imagen, mucho más patética por lo que tiene de juerga castiza y de grueso trazo estético, que pone aún más de manifiesto esta propensión a la francachela. Se trata de una fotografía, publicada en el diario *ABC* a finales de 1988, de cierta mariscada celebrada en París por la Junta de Andalucía dentro de una campaña de promoción de los productos alimentarios de la comunidad autónoma. Esta fiesta, que se celebró a bordo de un *bateau-mouche*, costó 27 millones de pesetas y dio origen a una polémica política de tal calibre que amenazó incluso a la estabilidad de Borbolla —que llegó a plantearse la dimisión a consecuencia del bajón de imagen que atravesaba— como presidente del gobierno andaluz. La foto en cuestión, tomada por algunos de los participantes en la juerga, mostraba al zanquilargo y barbudo Adolfo Guerra con los ojos bizqueantes mientras bailaba sevillanas ante unas mesas repletas de marisco y viandas. La expresión, ya de por sí algo torva, del ex directivo de Mercasevilla visiblemente iluminado por los efectos de la demostración de las excelencias gastronómicas y enológicas de Sanlúcar, contribuía de un modo tan siniestro a la polémica política desencadenada en torno a aquella fiesta que el consejero de Agricultura, Miguel Manaute, responsable último de la campaña promocional, fue llamado al orden por la presidencia. «¿Qué hacía ése allí?», le preguntó Borbolla. «Era lo que nos faltaba.» El presidente temía un recrudecimiento de las hostilidades aprovechando la presencia en París de un hermano de Alfonso Guerra. Pero este factor, sorprendentemente, apenas fue utilizado por la oposición, deseosa de centrar sus dardos en la ya muy maltrecha figura del propio Borbolla.

Las demostraciones atrabiliarias de este trío de hermanos no han sido escasas. El propio Manuel —Manolo para toda la familia— narró en cierta ocasión a *Diario 16* cómo logró darle a su hermano Juan uno de los escasos sablazos económicos que ha podido obtener de él, y que terminó propiciando una monumental cana al aire. Manuel acompañó a un amigo del barrio hasta el despacho oficial de Juan en la delegación del Gobierno, para tratar de que *el Conseguidor* facilitase el ingreso en la Guardia Civil a un hijo, también presente, de su vecino. Mientras el «hermanísimo» se interesaba por el caso y tomaba notas de los datos precisos, Manolo dejó caer su necesidad de dinero para hacer frente a unos pagos de facturas atrasadas. Juan sacó entonces de su billetera cincuenta mil pesetas y se las entregó a su hermano mayor, que hizo primeramente ademán de no tomarlas y terminó guardándoselas en el bolsillo. Aquellas cincuenta mil pesetas sirvieron al trío peticionario para correrse una formidable borrachera, en la mejor tradición picaresca, durante la cual llegaron a sembrar la inquietud en sus familias ante lo prolongado de su ausencia.

La tendencia a la francachela, la bebida y la jarana tampoco es, desde luego, esencialmente distinta de la tónica general que se vive en los barrios donde habitan los Guerra menos favorecidos. En estas zonas periféricas de Sevilla, las tabernas y bares acogen cada tarde a una población masculina cuyos horizontes de ocio están limitados por las carencias de infraestructura asistencial, la falta de centros cívicos o sociales y una cultura del tiempo libre basada en la tradición de la tertulia y el copeo. Sevilla es, a este respecto, una de las ciudades españolas con más alta tasa de bares por habitante, y ello a pesar de ser también una de las capitales de la crisis del desempleo. La baja condición económica de la mayoría de los habitantes, cuando no una situación de paro laboral, favorece también la conversión de la taberna en la máxima, casi la única, posibilidad de ocupación del tiempo desocupado fuera del hogar familiar. Un tiempo, por lo demás, que en demasiadas ocasiones es excesiva e indeseadamente largo por la falta de trabajo.

En cualquier caso, el descontento que algunos de los Guerra pobres —por simplificar la terminología— dejan traslucir hacia sus hermanos menores, y en especial hacia Juan, tiene como origen la sensación, más o menos definida, de haber sido abandonados a su suerte. Las quejas de Manolo sobre su vivienda protegida resultan definitorias de esta idea. El más crítico de los hermanos no se ha recatado de exponer que su hermano Juan podría haberle facilitado el acceso a una vivienda mayor, o más digna, que la que ocupa en la barriada de los Pajaritos —frente a la prisión provincial, ahora llamada de Sevilla 1—, bien a través de sus influencias administrativas o mediante un préstamo personal, dada su flagrante y rápida prosperidad económica. En este sentido, los Guerra han mirado peor la insolidaridad de la nueva instalación económica de Juan y Adolfo que la posibilidad de que sus negocios hayan podido sostenerse en ac-

El domingo 22 de abril de 1990, los dibujantes Gallego y Rey —que ya habían inmortalizado al dúo de Alfonso y Juan como peculiares Rómulo y Remo y como robalimones del huerto machadiano— sorprendían a los lectores del dominical del diario «El País» con una nueva y excelente interpretación humorística del clan de los Guerra. Utilizando el esquema de una película de Visconti, cuya devoción ha elogiado hasta la caricatura el vicepresidente del Gobierno, los populares dibujantes convertían a la familia sevillana en una nueva versión de «Rocco y sus hermanos».

tividades irregulares. Sobre este punto, como es lógico, prefieren aceptar la presunción de inocencia.

Sin duda fue Antonio el menos resignado. De carácter lanzado, escaso de preparación y corto de criterios, *el Patillas* rumió desde su jubilación la necesidad de incorporarse a la rueda de los negocios que conocía de su hermano Juan. El segundo infarto sufrido, en 1985, le obligó a retirarse cuando todavía se consideraba capaz de dar juego en la vida, y decidió explotar el capital de su apellido, como había visto hacer a sus hermanos pequeños. De forma que atosigó a Juan hasta que logró que éste le hiciera partícipe del asunto del matadero de Alcalá, cuya reapertura fue lograda por *el Conseguidor* en un abrir y cerrar de ojos.

Desde entonces, en compañía de sus amigos Antonio González, ex brigada al que conocía desde su infancia en Santa Bárbara, y Francisco Medina Vadillo, un informador de la Guardia Civil que le servía de chófer, y que era en realidad el verdadero muñidor de sus maniobras, Antonio Guerra ejerció de testaferro en algunas operaciones dirigidas por su hermano Juan, que le utilizaba a veces para viajar y, en ocasiones, simplemente para transmitirle la sensación de resultar útil. La capacidad de gestión de Antonio es tan elemental que apenas si podía ser utilizada en operaciones muy claras, donde su papel era, prácticamente, el de dar fe de la presencia del apellido Guerra y el de constituirse en recipiendario de las comisiones recibidas, que en algún caso, según su socio Medina Vadillo —quien, tal vez descontento o cansado de ser comparsa, vendió a *Interviú* las andanzas de su colega—, llegaron a ser de algunas decenas de millones.

La operación en que Antonio aparece más claramente como un enviado de su hermano Juan es aquella en que medió para la empresa CIMSA sobre la adjudicación de unos solares pertenecientes al Ministerio de Defensa. Esta empresa, asociada con Cagesa, le entregó en diciembre de 1987 cinco millones de pesetas como comisión para que presentara la documentación pertinente en Defensa y en el propio palacio de la Moncloa, donde fue recibido a trancas y barrancas por el secretario de su hermano Alfonso, Fali

Delgado, y donde, según algunas versiones, llegó a pedir que le dieran de desayunar. Los contactos de Antonio Guerra con el representante de CIMSA, Víctor Renedo, y con su presidente, Manuel Macías, certifican la conexión de Juan, toda vez que Macías es uno de los principales visitantes inscritos durante 1988 y 1989 en el libro de registro de la delegación del Gobierno en Sevilla. CIMSA, por lo demás, constituyó una sociedad casi a medias —el 49 por 100 contra el 51— con El Corral de la Parra, la empresa matriz del holding de Juan Guerra, y la única que realmente el «hermanísimo» reconoce como suya. Esta nueva sociedad, llamada CIMPA, adquirió a Ensidesa dos solares industriales en un polígono de Alcalá de Guadaira.

El volumen de gestiones desarrolladas por Antonio Guerra, según Francisco Medina, resulta tan apabullante que difícilmente puede dársele credibilidad, salvo que se parta del aserto de que se trata, realmente, de actuaciones de su hermano Juan. Antonio González, el brigada que le prestó la famosa pistola, ha ofrecido posteriormente una versión radicalmente diferente, según la cual Antonio Guerra apenas si consiguió otra cosa, en sus viajes y trapicheos, que algunas dietas, mínimas comisiones y muchas «calabazas». El escalofriante documento del murciano Grupo Tres en que se considera a los «señores Medina Vadillo y Guerra González expertos en marketing empresarial y político» da fee, en cualquier caso, del universo de descaro y picaresca en el que se movía, muy ufano de su condición, el hermano estrafalario del vicepresidente Guerra. El ex presidente de la empresa Enatcar, Rafael Ortega —luego cesado por un escándalo sobre irregularidades relacionadas con la UGT— fue mucho más áspero al recibir en su despacho al bueno de Antonio, «por curiosidad de ver cómo se desenvolvía», y tras recibir la tosca presentación de la estampita y la foto, ignorarlo completamente para dedicarse a negociar con su acompañante.

Su socio Francisco Medina ha narrado profusamente en diversas publicaciones la propensión de Antonio a irse de la lengua en cuanto se siente a gusto. En una ocasión, estando en Madrid para unas gestiones como intermediario, fuéronse los dos a un *puticlub* para matar el rato, y Antonio le tiró los tejos a una de las muchachas de la barra, a la que abordó preguntándole si no le recordaba a alguien. «Sí, mujer», insistió ante la indiferencia de ella, «¿no me parezco a alguien que sale mucho en la tele?» Y la respuesta de la joven, que debía estar bastante trillada en estos lances:

—Ah, sí, ¡tú eres el hermano del Algarrobo!

Pero Antonio no se da por vencido fácilmente. Siempre según Medina, sacó la artillería documental —estampita, fotos, cartilla militar, etc.— y se puso a dar voces en el local diciendo que era hermano de Alfonso Guerra. La pregunta que el empresario que les acompañaba dirigió a Francisco Medina resume adecuadamente la sensación que debieron sentir muchos de los especuladores que en algún momento recurrieron a tan peculiar intermediario.

—Oye, ¿éste es siempre tan peligroso?

La visita de Antonio a la Moncloa provocó las iras del inquilino del despacho vicepresidencial. Alfonso telefoneó inmediatamente a Juan para que interpusiese sus oficios en la peregrina «independencia» del hermano, que por segunda vez le causaba problemas. La bronca no se hizo esperar, y Juan añadió motivos por su cuenta, alarmado ante la presencia del nombre y el carné de identidad de Antonio en documentos mercantiles como el del Grupo Tres. No sirvió demasiado. Antonio, a esas alturas, había cobrado ínfulas de intermediario.

En el barrio de Santa Genoveva, donde *el Patillas* —allí el apodo es moneda común— se mueve a sus anchas por los bares, le tienen en distinta estima. Los convecinos han observado su mutación estética, la buena ropa, las cazadoras de ante y el cambio de coche, y le «visten de limpio» en las tertulias tabernarias, al punto de obligarle a emigrar a otras zonas para su propio copeo. En los últimos meses, y más desde su aparición en las revistas, los parados, gitanos y marginales —los «colgaos»— del barrio le paran por la calle para pedirle dinero. Y él, según el momento, se lo da, sintiéndose rumboso y juncal en su papel de nuevo rico generoso.

El resto de los hermanos guarda silencio cuando se habla de Antonio. Incluido José María, el segundo —63 años, cuatro hijos, jubilado de CASA—, un ex futbolista que jugó en tercera, que reserva sus impresiones para el libro que anda escribiendo, de expresivo título: *Lo que vale una familia*. Aprovechando su celebridad, dos miembros del clan Guerra se han lanzado sobre la máquina de escribir. El segundo tiene más futuro como best-seller: se trata del propio Juan, que pretende ofrecer su versión del escándalo, en parte para rehabilitar su imagen y en parte porque su instinto le dice que tiene delante un filón económico. Con un buen «negro» lo suyo sería todo un memorial de época.

Y luego están las mujeres. Son cinco: Julia, Ana, Encarna, Ángeles y Carmen. La mayor, de 66 años, suele aparecer como la preferida de Alfonso. En una foto de los años cuarenta se le ve con él, joven y bella, pulcra y orgullosa del hermano que apunta como empollón y buen estudiante. Para ella, los hermanos pequeños fueron una primera versión de los hijos, y es perceptible una indudable inflexión de ternura. Julia tiene cuatro hijos, uno sordomudo, y es viuda desde 1982, cuando su marido, José Antonio García, se estrelló en su coche durante la campaña electoral de las elecciones autonómicas. José Antonio era secretario financiero del PSOE provincial, y su muerte fue una enorme manifestación de duelo de la familia socialista.

Un duelo fue, precisamente, el último episodio que unió a la familia Guerra. Los once hermanos se vieron juntos por última vez en 1973, en el entierro de su madre, doña Ana González, viuda desde 1964. Alfonso Guerra, en sus escasas incursiones autobiográficas —la entrevista «de cámara» de Fernández Braso, por ejemplo— siempre se ha manifestado mucho más impresionado por la figura de su padre, don Julio, obrero fundidor de la fábrica de artillería, una especie de «jefe de la tribu», según la descripción del vicepresidente. El padre apostó por la educación de los más pequeños, nacidos en un momento de mayor desahogo, y logró que Alfonso y Juan acudiesen a un colegio privado, aunque en el caso del segundo no pudo —por los reiterados suspensos en la reválida— verlo en la universidad. Sólo Alfonso —perito industrial y filosofía y letras— y Adolfo —perito— lograron titulación media o superior.

En la vida familiar de los Guerra hay otro suceso doloroso, la muerte de una de las hermanas, Consuelo, por tuberculosis, en enero de 1949. En su entrevista televisada en Canal Sur, el 16 de abril de 1990, Juan apeló al más directo y elemental sentimentalismo para describir su infancia atravesada de recuerdos de la hermana enferma, la ropa lavada aparte y otros detalles de evidente carácter conmovedor. La tuberculosis de Consuelo, su larga consunción hasta la muerte, debió ser, en cualquier caso, un importante factor en la formación sentimental del clan.

Según la confesión de Alfonso, su hermana Ana, por ser la más próxima a Consuelo, resultó la más afectada por su muerte. Ana, gemela de Antonio, tiene hoy 61 años y dos hijos, es viuda y vive con su hija Águila en otra barriada del cinturón obrero de Sevilla.

De las otras hermanas, sólo una, Encarna, milita en el PSOE. Encarna es pintora de cuadros *naïfs*, y ha expuesto alguna vez en la localidad gaditana de Chipiona. Cuenta 51 años, está casada y tiene dos hijas. Es la última antes de Alfonso, y vive en una casa de la barriada de Palmete, un suburbio autoconstruido que fue una de las mayores atrocidades urbanísticas de la Sevilla franquista, y que hoy es un feudo político del PSOE a través del llamado «voto cautivo». Carmen y Ángeles, de 57 y 53 años, hacen su vida. Sus maridos están en paro, y han frecuentado, como toda la familia, incluidos los sobrinos, el despacho oficial de Juan, normalmente en busca de trabajo. Dos hijas de Carmen trabajan en la diputación de Sevilla, como secretarias del grupo de diputados socialistas.

La presencia de Alfonso entre sus hermanos es cada vez más esporádica, cuando existe. El sarcástico comentario de José María a un reportero de *Cambio 16* —«le veo a cada rato... en la televisión»— es suficientemente significativo al respecto. La interlocución de sus hermanos con él fue confiada por el vicepresidente a Juan, y éste decidió por su cuenta cuándo y cómo convenía que se vieran. En realidad, durante los últimos siete años, Juan ha gestionado la «exclusiva» de las relaciones familiares con Alfonso. Según algunos de ellos, para evitar que le diesen cuenta de sus negocios privados.

Lo cierto es que, desde el momento en que se produjo la ruptura y Alfonso hizo ordenar el desalojo del despacho, las relaciones personales entre los dos se enfriaron de un modo absoluto. Juan pensaba que su hermano le había abandonado, y Alfonso tal vez debió sentirse traicionado en su confianza. El surgimiento del escándalo propició conversaciones tirantes —siempre telefónicas, según testigos, para evitar que los *papparazzi* obtuviesen una foto comprometedora— derivadas de la necesidad de coordinar ciertas acciones ante la opinión pública. La famosa declaración notarial que Juan envió en enero a los medios informativos fue enviada por Fali Delgado, vía fax, a la sede central del PSOE en Sevilla, donde se mecanografió y se llevó a la finca de «Las Brujas» para que el interesado la firmase y la tramitase ante el notario.

Casi todos los Guerra han girado, de una u otra manera, en torno al Partido Socialista, cuya base social en Andalucía —lo que Alfonso llamó en 1989, ante la ironía generalizada de la prensa y la oposición, el «partido de los pobres»— representan de un modo bastante aproximado. La mayoría de ellos no ha estudiado, y muchos de sus hijos tampoco. Se mueven entre el paro y trabajos más o menos coyunturales, en bastantes casos de tipo manual. A veces, han recurrido a la influencia de Juan para la consecución de favores de pequeño monto, alguna agilización de las pensiones, alguna colocación eventual como limpiadora en el ayuntamiento de Sevilla, cuyo jefe de personal era uno de los más asiduos visitantes del famoso despacho. En general, la fortuna no les ha sonreído demasiado a los mayores. Porque en el clan Guerra, como en el de Rocco, hay un ecuador que parte muy diferenciadamente —con la pintoresca excepción de Antonio— a los mayores de los más pequeños. Éstos, Alfonso, Juan y Adolfo, han vivido otra época, otro momento, otra coyuntura. Para ellos sí existió el cambio. Los otros siguen, en su mayor parte, preguntándose realmente lo que vale una familia.

# Los signos externos

*El mitin del desagravio • La fobia de Fali Delgado • «¡Comeros los coches!» • Guerra el austero • Vacaciones en Roma • Pobres y descamisados • El estereotipo quebrado • «Somos otra gente, coño» • Chalés, ropas y automóviles • Las camisas de un descamisado • Sin miedo a volar: la crisis del Mystère • Retrato de un desclasado en Mercedes • Coche, caballo y cortijo • Pincho va a los toros • Adolfo, el desclasado silente*

La tarde del domingo 25 de febrero de 1990, el Prado de San Sebastián de Sevilla era un hervidero de gente. Ante el escenario donde Alfonso Guerra iba a pronunciar su esperada intervención en el mitin conmemorativo del referéndum autonómico andaluz de 1980, varias decenas de autobuses depositaban sobre el solar del antiguo quemadero de la Inquisición a una muchedumbre pacífica, de edad madura, que se dejaba acarrear por sus monitores como los pensionistas en día de excursión. En realidad, muchos de ellos eran exactamente pensionistas en día de excursión. Habían sido trasladados desde todos los puntos de Andalucía por las agrupaciones locales del PSOE, en un esfuerzo de movilización sin precedentes para arropar la esperada intervención pública de Alfonso Guerra tras el escándalo de los negocios de su hermano Juan y tras la fracasada y polémica comparecencia parlamentaria de tres semanas antes.

Esa mañana los periódicos saludaban al cuestionado vicepresidente, que pasaba los peores momentos de su carrera política, con fotografías de las pintadas que habían aparecido con profusión en las tapias y paredes de barriadas obreras como La Corza o el Tiro de Línea: «Guerra, chorizo.» La prensa denotaba en sus páginas la tensión política en creciente escalada durante los últimos días. El dirigente crítico socialista Ricardo García Damborenea ocupaba titulares en los que calificaba de «acto franquista» el mitin de Sevilla, y el diario *ABC* rescataba una imagen de la plaza de Oriente, que le había servido en otro tiempo de laudatoria portada al fenecido régimen, para comparar con violencia conceptual las expectativas del acto.

Alrededor de las siete de la tarde, el recinto acotado para el mitin estaba lleno de un público con banderitas y pañuelos, pancartas de «Alfonso, dales caña» y una cierta modorra por regresar entre los numerosos pensionistas llevados desde Granada, Cádiz, Málaga, Badajoz y Almería. Era, en general, eso que se ha dado en llamar Andalucía profunda, ciudadanos sin más preocupación que la de un cierto bienestar pacífico, conservadores de ideas y costumbres y proclives al voto del poder constituido sea cual sea su identidad política. Estaban también, los «votos cautivos», parados con subsidio y jubilados con pensión a los que, en época electoral, se les recuerda su dependencia del Gobierno que administra sus modos de vida. El PSOE había apostado por lo seguro esta vez, para arropar a su líder en apuros, pese a que muchos automóviles que pasaban por la cercana avenida de Carlos V hacían sonar sus claxons a modo de ruidoso boicot contra la manifestación de «lealtad inquebrantable».

Las primeras filas eran distintas en su composición al resto de los asistentes. Además de la consabida relación de cargos públicos y dirigentes regionales y locales del Partido Socialista, era allí visible una fuerte concentración de profesionales jóvenes pertenecientes a la nueva clase desarrollada por el crecimiento de la Administración, *yuppies* en nómina del Estado luciendo cazadoras de piel brillante y mujeres vestidas de lino al conjuro del incipiente clima de primavera. Otro grupo de su mismo referente estético dirigía operaciones de intendencia en las proximidades del escenario.

En un determinado momento, una caravana de coches oscuros de gran cilindrada, Fords Scorpio, Renaults 25 y similares, aparcó aparatosamente detrás del escenario para dejar apearse a Alfonso Guerra, José Rodríguez de la Borbolla y otros dirigentes del PSOE. Los coches permanecieron tras la amplia plataforma escénica mientras comenzaba el mitin en medio de los aplausos de la multitud. En ese instante, un hombre joven, moreno, vestido con la cazadora de rigor que identifica a los socialistas en actos de fin de semana, salió por detrás del escenario y se dirigió a voces a los chóferes que descansaban apoyados en los vehículos recién llegados.

—¡Los coches! ¡Los coches!

Los hombres le miraron vociferar y gesticular y luego se miraron entre ellos, interrogándose. El hombre de la cazadora hacía ostensibles gestos con los brazos, como si estuviera imitando a un nadador a braza.

—¡Los coches! ¡Fuera de ahí! ¡Que no se vean!

Ahora los chóferes comprendieron. Pero todavía hubo miradas de interrogación al vociferante ciudadano, como indicándole que dónde quería que se llevaran los automóviles.

—¡Coméroslos, coméroslos! ¡Que os comáis los coches! ¡Sacadlos de ahí, rápido! ¡Que no se vean! ¡Que no se vean!

El desgañitado voceador que, al fin, consiguió hacer desaparecer los lujosos vehículos oficiales de la posible vista de la multitud y, sobre todo, de la de los fotógrafos de prensa, era Rafael Delgado, conocido como *Fali*, temido interlocutor de la mayoría de los altos cargos españoles en su condición de secretario de Alfonso Guerra, y recientemente ascendido a la dignidad de subsecretario. Su empeño por hacer que los chóferes oficiales fagocitaran sus propios automóviles estaba en consonancia con el mensaje que su jefe inmediato iba a comenzar a emitir ante la fiel audiencia: que el llamado «caso Juan Guerra» era el producto de una conjuración entre la derecha, el Opus Dei, la izquierda radical y la prensa para acabar con el esfuerzo socialista por la mejora de las condiciones de vida de los más débiles, representados por la propia asistencia del acto.

En ese esquema, los espectaculares coches con teléfono, aire acondicionado y blindaje de dos capas, desentonaban pese a ser usuales en toda la clase política europea. Desentonaba también la etiqueta italiana de la americana a cuadros de Alfonso Guerra —nunca, por cierto, parecía estarle tan ancha la ropa, que literalmente bailaba sobre su osamenta—, pero ésta no era perceptible para la multitud. En conjunto, la organización había cuidado suficientemente los detalles para que no chirriase el discurso central. Y, naturalmente, se había recomendado a Juan Guerra que permaneciese recluido en su finca de Espartinas. Todo bajo control.

Un control relativo. Si el «caso Juan Guerra» ha supuesto uno de los golpes más duros recibidos por el Partido Socialista es porque, además de poner bajo sospecha al vicepresidente y su familia, ha cuestionado seriamente dos conceptos que se hallan en la base de todo el discurso ideológico sostenido por el PSOE desde la muerte de Franco: la honradez sustantiva y el desapego del dinero como motor de la actividad política.

Naturalmente, la potencia del golpe radica en que en ambos conceptos, el vicepresidente Alfonso Guerra había venido asumiendo un liderazgo teórico muy acentuado y perfectamente deliberado. Las proclamas de rechazo al dinero se han sucedido desde mucho antes de la llegada de los socialistas al Gobierno, como parte de un mensaje de limpieza que ha ido quedando seriamente comprometido a medida que muchos militantes han cedido a las tentaciones que conlleva el poder, y que todo el partido, en realidad, ha modificado su carga ética mediante un proceso de suavización de postulados ideológicos. Pero, hasta el estallido de la polémica sobre los negocios de Juan Guerra, el entorno cercano de Alfonso no había resultado salpicado por la duda.

Sí existían hasta ese momento progresivas evidencias de las contradicciones entre el discurso teórico de Guerra y prácticas personales claramente enmarcadas en el disfrute de ese concepto bautizado como «erótica del poder». El vicepresidente preconizó desde el principio un uso desacomplejado de las prerrogativas del mando, tanto en materia económica como simbólica o protocolaria. Ya se ha visto cómo la necesidad de esa firmeza fue directamente comunicada,

El dirigente crítico socialista Ricardo García Damborenea ocupaba titulares en los que calificaba de «acto franquista» el mitin de Sevilla.

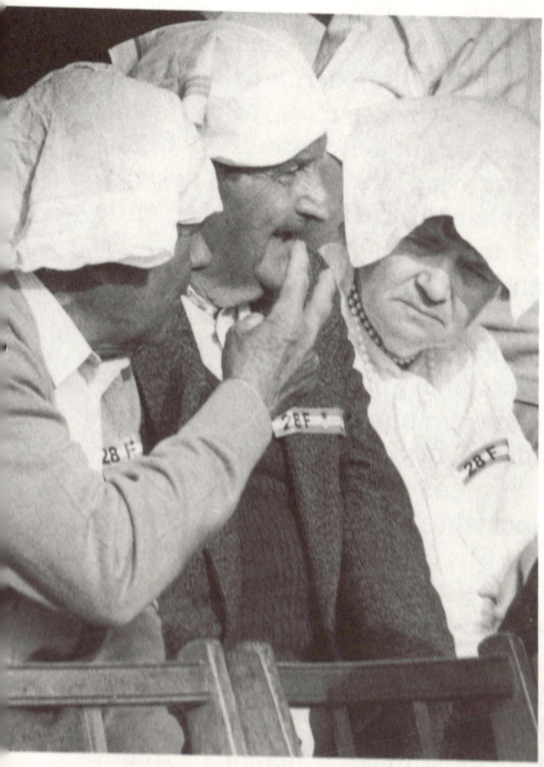


La tarde del domingo 25 de febrero de 1990 el Prado de San Sebastián de Sevilla era un hervidero de gente. Habían sido trasladados desde todos los puntos de Andalucía por las agrupaciones locales del PSOE, en un esfuerzo de movilización sin precedentes para arropar la esperada intervención pública de Alfonso Guerra tras el escándalo de los negocios de su hermano Juan.

Desentonaba la etiqueta italiana de la americana a cuadros de Alfonso Guerra —nunca, por cierto, parecía estarle tan ancha la ropa, que literalmente bailaba sobre su osamenta—, pero ésta no era perceptible para la multitud.

por ejemplo, a Rodríguez de la Borbolla cuando, en su condición de coordinador del partido en Andalucía, se disponía a dirigir la ocupación del poder en la comunidad autónoma, antes de la victoria nacional del PSOE. En el mismo sentido, la consigna de ocupación máxima del territorio político legítimamente conquistado incluía el desarrollo de las facultades del poder hasta sus últimas consecuencias.

Sin embargo, lo que tenía de lógico un desarrollo intenso de estas prerrogativas —confundidas muchas veces con mera ostentación— no tardó en evolucionar hacia unos códigos de conducta que introducían comportamientos claramente discriminatorios respecto a la mayoría de los ciudadanos. Apenas unos meses después de logrado el poder, a principios de 1983, Alfonso Guerra envió a su compañera María Jesús Llorente, embarazada, a la Academia Española de Roma, mediante la concesión de una beca discrecional y dotando su estancia de detalles complementarios no cubiertos en la ayuda de estudios. Este comportamiento, derivado de la necesidad de evitar un escándalo ante el inminente nacimiento de su hija Alma, terminó ocasionando la misma polémica *sensu contrario*: a las acusaciones sobre la arbitrariedad de la beca se unieron las del uso de aviones oficiales para viajar a la capital italiana. Apenas un año después, Fali Delgado, secretario del vicepresidente, utilizó exactamente el mismo procedimiento para alejar a una compañera embarazada, y terminó provocando un incidente con miembros de la Embajada española al exigir un Mercedes para un acto oficial, en vez del Fiat 131 que había sido puesto a su disposición.

Los actos y decisiones abusivas derivadas del disfrute del poder han tenido siempre, en el plano electoral, una intensa contrapartida dogmática, al insistir Alfonso Guerra en el mensaje de solidaridad y en la presentación del PSOE como la fuerza representativa de la masa trabajadora frente al tradicional dominio de las clases pudientes. Este planteamiento, que causa rubor a muchos dirigentes del partido descontentos con la aproximación del Gobierno a los poderes económicos, se hace a veces especialmente exagerado. Durante la campaña de las elecciones europeas de junio de

1989, Alfonso Guerra provocó —de modo deliberado, para girar el sentido de la campaña hacia el campo que le interesaba— la polémica nacional al definir al PSOE como «el partido de los pobres, de los descamisados», y atacar el reciente pacto del CDS con el Partido Popular en el ayuntamiento de Madrid diciendo que «la derecha no le perdona a Juanito Barranco que sea hijo de peón de albañil». Estas proclamas, efectuadas con un indudable sentido escénico, no exento de buen humor, se convirtieron pronto en el eje de la campaña —objetivo estratégico principal de Guerra—, pero terminarían sirviendo de auténtico *boomerang* por contraste de su sentido esperpéntico con la realidad de una cada vez más engolfada clase dirigente surgida al socaire del poder socialista.

No fue casual que el primer informe del llamado «caso Juan Guerra», publicado por la revista conservadora *Época* muy poco después de la famosa definición, salió bajo el muy valorativo —y algo tosco— título de «Un descamisado que se forra». La derecha y sus medios de opinión más próximos fueron, desde luego, los sectores más lanzados hacia la crítica comparativa que usaba el término «descamisados» como referencia irónica de los verdaderos comportamientos del socialismo, convertido ya más bien en *felipismo* por mor de la influencia de la práctica política sobre la razón teórica. La utilización de este viejo término peronista entroncaba muy bien con la inflexión populista que el PSOE había impuesto ya a su oferta, pero resultaba un auténtico regalo para columnistas críticos, comentaristas de actualidad y oradores de la oposición. A lo largo de siete años de ejercicio del Gobierno y de ocupación de todas las parcelas posibles de poder —ayuntamientos, diputaciones, autonomías, empresas públicas y mixtas, banca, ejército, poder judicial, etcétera—, los socialistas se han acomodado con enorme familiaridad en los aspectos suntuarios y usos refinados que se derivan de esta condición de privilegio político, y han provocado no pocas veces la irritación de la ciudadanía con actuaciones de escasa sensibilidad en este sentido. Probablemente, el aumento geométrico de los gastos oficiales de protocolo, atenciones, viajes y demás manifestaciones de lujo ha sido uno de los flancos más débiles del Gobierno socialista, puesto en muchas ocasiones en evidencia ante la falta de costumbre de algunos de sus dirigentes para el disfrute de la parafernalia tradicional del poder. El concepto de «descamisados» no dejaba, además, de resultar chirriante en la boca de un personaje que combina su jacobinismo verbal con una selección de camisería a medida fabricada en Italia y en los mejores *shirtmakers* londinenses, muy en la línea de los atildados revolucionarios de la convención, con cuyos *sans-culottes* tiene mucho que ver el término elegido por Alfonso Guerra. El barbero sevillano Melado lo resumió en términos paródicos en su ya citado estribillo de las exitosas «Sevillanas del Guerra»: *Vaya partido más enrollao, que te forra y te llaman descamisao.*

Indudablemente, un político de la habilidad y la inteligencia de Guerra sabía muy bien que su cínica proclama populista iba a causar irritación y rechazo en la opinión informada del país. Le tenía sin cuidado. Desde que las encuestas del Centro de Investigaciones Sociológicas detectaron el descenso firme del voto socialista en las ciudades y en los segmentos de clase media, la orientación de los mensajes del partido ha ido decididamente a por el voto popular menos ilustrado, que coincide, además, con la tendencia conservadora de las capas más bajas de una población desproletarizada por el desarrollo general de la economía. Alfonso Guerra utilizó el mensaje del «partido de los pobres» en las elecciones europeas y en las generales de octubre del 89, donde el descenso del PSOE se confirmó hasta el punto de que sólo el llamado «voto cautivo» le transportó al borde de la mayoría. La idea guerrista se basa en una sencilla reflexión: las capas a quienes va dirigido el mensaje tienen menor capacidad de discernimiento y, al no formar parte de la población informada políticamente, desconocen las prácticas deformadas de la clase dirigente y están libres del bombardeo de los principales medios de opinión, incluidas ciertas parcelas de la radio.

El mismo sentido tuvo el mensaje que reiteradamente

Esta «cualidad» de Alfonso Guerra —su capacidad para mentir con la más absoluta frialdad— motivó ácidos comentarios públicos cuando, el pasado otoño, el vicepresidente declaró a la periodista Julia Otero, en una entrevista televisada y dirigida a la medida del estereotipo, que sólo era capaz de mentir «para lograr la sonrisa de un niño».

Durante la campaña de las elecciones europeas de junio de 1989, Alfonso Guerra provocó la polémica nacional al definir al PSOE como «el partido de los pobres, de los descamisados». Estas proclamas, efectuadas con un indudable sentido escénico, no exento de buen humor, se convirtieron pronto en el eje de la campaña, pero terminarían sirviendo de auténtico boomerang.

emitió Juan Guerra en sus apariciones televisivas del mes de abril, y en la entrevista que Iñaki Gabilondo le hizo en las mismas fechas en la Cadena SER. Juan, cuyas intervenciones contaban con el visto bueno del PSOE, utilizó de modo insistente un discurso que, pese a su escasísimo bagaje argumental, sirvió eficazmente a los intereses electorales socialistas, según los datos que fueron inmediatamente encargados por la dirección del partido. Se trataba, básicamente, de repetir la idea de que las denuncias sobre sus negocios partían de una derecha celosa del acceso a la riqueza de ciudadanos tradicionalmente marginados de ella, y cuyo ascenso social es posible en el marco de las condiciones económicas creadas por el Gobierno socialista. El mensaje de «por qué los socialistas no podemos enriquecernos» era el verdadero *leitmotiv* del discurso de Juan Guerra, zafio pero mucho más eficaz en este campo que en el de la negativa a aceptar las denuncias efectuadas contra él, basándose en el principio de la presunción de inocencia ante una supuesta falta de pruebas en su contra.

En una interpretación más profunda, sin embargo, el mensaje televisado de Juan Guerra no era sino un canto al desclasamiento, un extraño elogio de la posibilidad de cambiar de estado económico gracias al marco creado por el PSOE. Este llamamiento a la riqueza especulativa fue inteligentemente criticado poco más tarde por el presidente de la comunidad autónoma de Madrid, Joaquín Leguina, político significadamente antiguerrista, que en una reunión con periodistas del Club 78 atacó ásperamente el postulado del «hermanísimo» afirmando que se trataba de una idea no aceptable por un socialista bien formado. Leguina llevaba, obviamente, razón. Sólo que iba a contramano, porque las tendencias pragmáticas del Partido Socialista en los últimos años apuntan más hacia la teoría de Juan Guerra que hacia la rigidez dogmática del mandatario madrileño.

Probablemente el aspecto más criticable, para el español medio, del escándalo Guerra sea, precisamente, el brusco desclasamiento operado en las personas de los protagonistas del *affaire*. Alfonso y Juan Guerra, y en menor escala su hermano Adolfo, representan tres formas distintas de la figura del desclasado, el personaje que utiliza coyunturas históricas concretas para alejarse de sus orígenes de forma individualizada, acelerada y contradictoria. Evidentemente, la tosquedad del proceso operado en Juan difiere con largueza de la más compleja transformación de Alfonso, mientras Adolfo permanece en un plano más discreto de prosperidad encubierta bajo su táctica de silencio y falta de ostentación. Pero se trata, en el fondo, de un mismo fenómeno de contradicción entre rápidas transformaciones personales y actitudes teóricas solidarias.

En el caso de Alfonso Guerra, el contraste se hace más profundo en tanto en cuanto él mismo ha procurado, dentro de su esfuerzo por edificarse una personalidad impoluta, acentuar el concepto de desprendimiento y austeridad. Guerra, a través de declaraciones reiteradas, ha fomentado una imagen de sí mismo cargada de valores de excepcionalidad, tales como una legendaria memoria, sensibilidad exquisita, sobriedad física absoluta, sentido acendrado de la justicia o una extraordinaria ternura bajo la capa de dureza que le recubre en su actividad política. En esta tarea de forja de un estereotipo —acaso tan falso como el de la maldad y el rencor absolutos que le fomentan sus enemigos— contó el actual vicepresidente con la inestimable colaboración de la mayoría de los periodistas con influencia durante el período de la transición, a los que conquistó con una capacidad de seducción que constituye uno de sus principales factores de éxito. Ese *glamour* que Guerra supo transmitir desde su llegada a Madrid le creó, a la larga, todo un capital inmaterial más rentable que una verdadera fortuna.

El estereotipo se resquebraja cada vez que algún periodista, algún investigador o, simplemente, algún curioso, profundiza en los pormenores de la biografía real del personaje. Desde sus pretendidas hazañas políticas clandestinas, sobre las que los contemporáneos arrojan largas sombras de escepticismo, hasta sus falsas matrículas en el expediente académico o su bagaje cultural o literario, que le llevó a presumir de haber leído once mil libros en 1983 —ahora ya deben ser al menos varios centenares más—, la verdadera identidad de Alfonso Guerra ha sufrido en los últimos años una considerable rebaja de realismo.

Naturalmente, el desgaste proporcionado por el poder ha pulido también el respeto inicialmente mostrado, con carácter casi unánime, hacia esa biografía cincelada a golpe de medias verdades y algún que otro embuste. Fue Carmen Rigalt, en el ya citado trabajo de *Diario 16*, una auténtica y feroz contrabiografía de carácter unilateral e intenciones demoledoras, la que lanzó un cono de luz sobre algunas parcelas de sombra deliberadamente veladas por el propio Guerra. La más cruel era, sin duda, la del verdadero motivo de su primera y fracasada estancia en Madrid, nunca explicado por el interesado y presentado como una cierta decepción por el ambiente cultural que detectó en la capital. Rigalt encontró la razón verdadera: el cerebro del cine-club Vida sevillano, el amante hiperapasionado de Visconti y Losey, fue suspendido en los exámenes de la Escuela de Cine en 1964.

Esta clase de datos, inocentes de fondo pero reveladores de una voluntad de sobrevaloración, ha terminado incidiendo en el deterioro de la imagen de Guerra, muy fuerte en los últimos años a medida que se ponían de manifiesto abismales contradicciones entre discurso y comportamiento. Sus rivales políticos, incluidos —o sobre todo— los de dentro del partido, conocen y temen, por ejemplo, su capacidad para mentir con la más absoluta frialdad y con una casi mágica facilidad para resultar creíble. Esta «cualidad», casi unánimemente contrastada, y hasta valorada por algunos dirigentes socialistas, motivó ácidos comentarios públicos cuando, el pasado otoño, el vicepresidente declaró a la periodista Julia Otero, en una entrevista televisada y dirigida a la medida del estereotipo, que sólo era capaz de mentir «para lograr la sonrisa de un niño».

Acaso por eso, por la veracidad adquirida por el retrato artificial logrado de sí mismo, los cada vez más frecuentes signos de insolidaridad o de abuso autoritario han comenzado a derribar con mayor eficacia el mito Guerra, hasta el

**El papel relevante que suele ocupar María Jesús Llorente en el protocolo informal de algunas recepciones y exposiciones es abiertamente contradictorio con el carácter independiente que la pareja intenta otorgar a su relación.**
(En la foto, victoria socialista en la noche del 28 de octubre de 1982.)

**Guerra conduce habitualmente un utilitario para circular con María Jesús Llorente y su hija Alma —que estudia en un lujoso colegio privado— por Las Rozas.**

punto de que, tras el escándalo de su hermano Juan, se multiplicaron las voces y maniobras en el propio partido favorables a su liquidación política. Este extremo, impensable incluso meses antes, se veía favorecido por el desmoronamiento de ciertos aspectos considerados hasta ese instante como intocables, sobre los que entraron a saco no ya dirigentes de la oposición, sino hasta intelectuales articuladores de la doctrina más próxima al felipismo, como los periodistas Javier Pradera y Carlos Luis Álvarez. La progresiva evidencia del conocimiento de las actividades de Juan por parte de su hermano, que ha minado su credibilidad en amplios sectores hasta hace poco relativamente proclives, contrasta ferozmente con comentarios como los realizados en 1983 ante su entrevistador-hagiógrafo Miguel Fernández Braso:

«Jamás he tenido apego al dinero... el dinero no posee ningún valor, jamás lo ha tenido filosóficamente... Andalucía es de las pocas zonas europeas que no se ha pervertido por el dinero... entre todos tenemos que sufrir una cierta catarsis de ser inflexibles e intolerantes con la gente que no respete la norma de la dignidad y la decencia... nosotros estamos en contra de la operación de utilizar los cargos públicos para enriquecerse, pero es que aunque no estuviéramos no sabríamos hacerlo... es que nosotros somos otra gente, coño.»

Precisamente las primeras manifestaciones del vicepresidente al saltar la polémica sobre los negocios de su hermano fueron las de una rápida protesta de su propia honestidad. «A mí no me van a coger. Yo vivo de mi sueldo.» Pero su sueldo, como demostró el periodista José Luis Gutiérrez, tiene un truco. El vicepresidente dispone de una partida anual de más de 700 millones de pesetas de gastos reservados, cuyo control parlamentario es prácticamente imposible, y que de hecho convierte su sueldo en una dilatada posibilidad de dispendios. Entiéndase bien: se trata de unos fondos de gran discrecionalidad, cuyo buen o mal uso quedan casi exclusivamente al criterio de quien los maneja, y permiten, por ello, la cobertura de actividades que pueden abarcar desde operaciones de Estado que requieren máxima confidencialidad hasta la simple disposición de dinero para gastos mal vistos por la ética social.

La proclamada austeridad de Alfonso Guerra, real en lo que hace referencia a su escaso gusto por la comida y la bebida —aunque un verano fue sorprendido en Conil comiendo arroz con pollo junto a su familia y la de Juan mientras la agencia Efe comunicaba que se hallaba en Madrid ejerciendo funciones de presidente del Gobierno, por vacaciones de Felipe González—, se rompe con facilidad a la hora de elegir su guardarropa. Guerra, que presume de haber provocado escándalo social por lucir una contestataria trenka en la asfixiante Sevilla de los años sesenta, no sólo no es precisamente un «descamisado», sino que luce, junto a su compañero Luis Yáñez, uno de los vestuarios más exquisitos visibles en la reciente clase política española, y desde luego entre los miembros del Partido Socialista.

El autor —habría que decir con propiedad el recuperador— del lema de los descamisados como definición sociológica del partido elige con sutileza extrema el diseño y el color de sus camisas, que, por lo general, se hace confeccionar artesanalmente. Pero este refinamiento estético no responde a una tendencia connatural, sino que es fruto de un proceso de adaptación en el que han tenido mucho que ver las mujeres con las que se ha relacionado, y cuya fase más acelerada coincidió, naturalmente, con la llegada al palacio de la Moncloa. Abandonada definitivamente la estética de la pana, que llegó a utilizar en los primeros meses de la vicepresidencia, Alfonso Guerra se entregó a los placeres suprasensuales de la coquetería, tal como su admirado Aschembach de *Muerte en Venecia*. Con una marcada preferencia por la ropa italiana, el vicepresidente tiene a gala su elegancia, favorecida por su delgadez, y ya antes de llegar al poder, cuando utilizaba en los mítines la casi reglamentaria cazadora, era visible en el bolsillo el logotipo del caballero con armadura de la marca británica Burberrys. Su prurito de exquisitez es compartido por su compañera, María Jesús Llorente, que a finales de 1989 dio pie a un revuelo de cotilleos de sociedad al presentarse en un desfile de modas con una falda exclusiva del diseñador italiano Gianni Versace, valorada en más de 200 000 pesetas. El vicepresidente tiene a gala despreciar este tipo de comentarios, y luce su seleccionadísimo vestuario con la naturalidad que requería cierto dandy anglosajón: «El hombre debe dar la impresión de haber comprado su ropa inteligentemente, habérsela puesto con esmero y, a continuación, haberse olvidado de ella.»

La promoción profesional de María Jesús Llorente, cuyo título de restauradora de arte fue discutido gremialmente por los profesionales del sector, ha constituido uno de los más claros ejemplos de discrecionalidad en el entorno de Alfonso Guerra. Desde sus vinculaciones al Museo del Prado hasta encargos oficiales y privados de diversa índole, la actividad de la compañera del vicepresidente —que mantiene con ella una peculiar situación de bigamia práctica, conviviendo de lunes a viernes, para pasar los fines de semana junto a su esposa legal, Carmen Reina— suele desenvolverse en un plano de discreción que resulta insuficiente para solapar las continuas protestas corporativas de la profesión. De hecho, el papel relevante que suele ocupar María Jesús en el protocolo informal de algunas recepciones y exposiciones es abiertamente contradictorio con el carácter independiente que la pareja intenta otorgar a su relación.

La compañera de Guerra habita con su hija Alma un chalé en la urbanización La Chopera, junto a Las Rozas, al noroeste de Madrid. Dicha vivienda, tasada hace seis años en algo más de nueve millones de pesetas, va a ser sustituida por otra en zona parecida, cuyo precio es al menos tres veces superior al desembolsado en la ocasión precedente. Guerra, como él mismo presume con frecuencia, no comete desajustes aparentes entre sus formas de vida y los ingresos que percibe, ya que la compra de su vivienda en Sevilla —ampliada mediante otro chalé que le vendió el propio PSOE andaluz— y una presunta operación de una parcela en Cabo Roche, denunciada por el implacable seguimiento de *Época*, son actuaciones patrimoniales al alcance de cualquier ciuda-

España

Nuevos datos sobre las polémicas vacaciones

**GUERRA TAMBIEN UTILIZO EL MYSTERE EN EL VIAJE DE IDA**

El vicepresidente del Gobierno, **Alfonso Guerra**, viajó en un Mystère el día 31 de marzo a la localidad portuguesa de Faro, para comenzar sus vacaciones de Semana Santa, según ha podido saber EPOCA. El regreso tenía pensado realizarlo por carretera, pero los enfrentamientos con conductores españoles en las cercanías del paso fluvial de Ayamonte, le hicieron cambiar de opinión y volvió también en avión. Según datos a los que ha tenido acceso este semanario, en 1987 el presidente y el vicepresidente del Gobierno hicieron 200 horas de vuelo en Mystère.

El funcionario de guardia del Palacio de La Moncloa buscó rápidamente entre sus papeles el documento «Peticiones de transporte aéreo para viajes oficiales o de Estado». Desde la localidad portuguesa de Faro le había telefoneado el propio **Alfonso Guerra**, ordenando el envío inmediato de un avión Mystère. El vicepresidente del Gobierno había cambiado de planes: ya no regresaría por carretera.

El procedimiento de solicitud, según un documento al que ha tenido acceso EPOCA, señala que «todas las peticiones de transporte aéreo para efectuar viajes oficiales, a formular por los organismos y autoridades facultados para ello, deberán tramitarse mediante comunicación al ministro de Defensa e información al general jefe del Estado Mayor del Aire, con la anticipación necesaria». El funcionario de La Moncloa comprendió, tras la lectura de este párrafo, que debía buscar otra vía, que encontró poco después: «Salvo casos excepcionales, las peticiones deberán formularse con un mínimo de 24 horas para desplazamientos en territorio nacional y de 72 horas para los desplazamientos al extranjero, plazo éste indispensable para la gestión de los pertinentes permisos de sobrevuelo.»

«Este es un caso excepcional», pensó el funcionario de guardia, y marcó el número 244 24..., correspondiente al jefe del servicio del Estado Mayor del Ejército del Aire. Varias horas después, el teniente coronel de servicio, después de hacer varias llamadas, ordenó al jefe del 45 Grupo de la Fuerza Aérea el envío de un Mystère-Falcon 20, con la tripulación de guardia, al aeropuerto portugués de Faro: «Los espera **Alfonso Guerra**».

El conducto habitual no fue respetado. El que pedía el vuelo era el vicepresidente del Gobierno. Había ciertos trámites que se podían obviar. En un día de fiesta tan señalado, la ineludible obligación de presentar un certificado de existencia de crédito —para pagar la tarifa del viaje— no se tuvo en cuenta.

La decisión de que cada Ministerio hiciera frente al coste de la utilización de los Mystère fue adoptada cuando **Adolfo Suárez** era presidente del Gobierno. Un ex ministro centrista ha manifestado a este semanario que «se trató de poner orden en el uso de los Mystère. Se tiraba con pólvora ajena y no podía ser. Por eso se decidió que cada Ministerio sufragara los gastos ocasionados y no el de Defensa».

Esa decisión sigue hoy vigente. En 1980 el precio de una hora de vuelo era de 100.000 pesetas, justamente la mitad del coste actual. El viaje de regreso de vacaciones de **Alfonso Guerra** en Portugal ha supuesto a Vicepresidencia 500.000 pesetas, correspondientes a dos horas y media de vuelo. El sueldo de la tripulación y el mantenimiento del avión —30 millones de pesetas anualmente— lo paga el Ejército del Aire.

**Un millón para transporte**

El coste total al erario público de las vacaciones del vicepresidente es, por tanto, de 1.000.000 de pesetas. Porque, según ha sabido EPOCA de fuentes solventes, **Alfonso Guerra** no fue a Portugal por carretera, sino también, el 31 de marzo, en otro Mystère de la Fuerza Aérea, dato hasta ahora desconocido. Tenía todas sus vacaciones por delante y quiso aprovecharlas al máximo.

Esta revelación pone en tela de juicio los argumentos en defensa de **Guerra** esgrimidos por diversos líderes socialistas, justificando que el vicepresidente utilizó el Mystère únicamente por razones oficiales. Así, el portavoz socialista en el Congreso, **Eduardo Martín Toval**, señaló que «la razón de que **Guerra** empleara este medio no fue huir de un atasco, sino llegar a tiempo a una reunión en La Moncloa». Fuentes oficiales del Cuartel General del Ejército del Aire se negaron a confirmar o desmentir los viajes de **Guerra** a Portugal, «porque no es competencia nuestra». Este comportamiento del vicepresidente no se ajusta a la norma oficial. Lo acordado es que los aviones de representación no se usen cuando exista la posibilidad de viajar en vuelo regular y en ningún caso cuando la finalidad del viaje sea extraoficial.

Además, medios políticos consultados por este semanario no comprenden el deseo de **Guerra** de bajarse en Sevilla, en lugar de ir hasta Madrid. Sabiendo, además, que tenía que abonar las 100.000 pesetas correspondientes al regreso del Mystère al aeropuerto de Barajas.

Según ha sabido este semanario, el vicepresidente estaba interesado en llevar a su hijo *Pincho* a la corrida de la Maestranza, que comenzaba a las seis y media de la tarde, con la participación de los diestros **Curro Romero**, **Rafael de Paula** y **José Antonio Espartaco**. El retraso en la llegada del Mystère truncó sus planes. »

*El atasco en Portugal impidió a Guerra asistir a una corrida de toros*

*El presidente y el vicepresidente del Gobierno realizaron en 1987 más de 200 horas de vuelo a bordo del Mystère*

**Para polémica, la del Mystère. Este famoso incidente del 3 de abril de 1988, además de pasar a las actas del Congreso, donde dio lugar a un debate, consagró de forma definitiva e imborrable el salto cualitativo de Alfonso Guerra hacia la calidad de «intocable».** (De la revista «Época».)

**El Mercedes es uno de los grandes símbolos del triunfo en una región acostumbrada a la miseria. El Mercedes es algo más que un coche en el código primario de signos de ostentación, y Juan Guerra lo sabía.** (En la foto, el cortijo «Las Brujas» donde reside Juan Guerra.)

dano que disponga de un sueldo relativamente alto y de cierta capacidad de endeudamiento.

Lo que sucede con el vicepresidente es que su afán de autodefinir su austero método de vida le ha hecho incurrir en contradicciones severas. Así, la ufana presunción de poseer como automóvil un viejo Renault-12 con más de una decena de años, se desmorona ante detalles como el de los coches del mitin de Sevilla, narrado al comienzo de este capítulo. El R-12 verde oscuro prácticamente no ha sido utilizado jamás desde que Alfonso Guerra ocupa su cargo vicepresidencial, entre otras razones, por motivos de seguridad. Del mismo modo, Guerra conduce habitualmente un utilitario para circular con María Jesús Llorente y su hija Alma —que estudia en un lujoso colegio privado— por Las Rozas, y este vehículo sí ha sido cambiado con relativa frecuencia.

Donde Guerra no tiene jamás reparos en efectuar auténticos *tours de force* es en sus semanales viajes aéreos a Sevilla. Cualquier pasajero que haya viajado alguna vez en el avión Madrid-Sevilla de la tarde del viernes conoce sobradamente los retrasos casi endémicos de este vuelo, en el que el vicepresidente despliega toda una incómoda panoplia de ritos para su mayor tranquilidad. El vuelo IB-511 ha sido, a lo largo de los últimos siete años, una verdadera pesadilla para pasajeros y personal de Iberia.

Fundamentalmente, el principal inconveniente del citado trayecto es su casi inevitable retraso. Guerra tiene la costumbre, por otro lado normal, de subir a la nave cuando todo el pasaje ha sido ya embarcado, y ocupa el asiento número 1 de la clase preferente, cuya butaca vecina no es nunca utilizada. La escolta va en la fila de detrás. Pero rara es la ocasión en que el vicepresidente es puntual. La tripulación auxiliar de Iberia asume ya como un fastidio añadido a sus condiciones de trabajo las reiteradas quejas del pasaje cada vez que la hora de despegue es sobrepasada. Y, en una ocasión, la protesta de dos ciudadanos extranjeros —el avión llega desde Frankfurt— que fueron obligados a desalojar su asiento llegó hasta las redacciones de algunos periódicos, dando lugar a una polémica pública sobre los derechos y prioridades del vicepresidente en sus desplazamientos privados.

Claro que, para polémica, la del Mystère. Este famoso incidente del 3 de abril de 1988, además de pasar a las actas del Congreso, donde dio lugar a un debate, consagró de forma definitiva e imborrable el salto cualitativo de Alfonso Guerra hacia la calidad de «intocable», de personalidad con trato diferenciado y prerrogativas individuales superiores a las del resto. La utilización de un avión de la Fuerza Aérea para eludir un atasco fronterizo entre Vilarreal de Santo Antonio y Ayamonte significó, sin género de dudas, la verdadera pérdida de virginidad ética del vicepresidente ante los ojos de la mayoría del electorado. Sólo durante la etapa más virulenta del «caso Juan Guerra» ha llegado Alfonso a merecer una más baja valoración personal en las encuestas.

El incidente, presenciado entre otros testigos por el político vasco Xabier Arzallus, es conocido. La tarde del Domingo de Resurrección de 1988, Guerra y su familia regresaban de pasar el fin de semana en El Algarve. La cola para el transbordador de Vilarreal, único paso fronterizo entre Portugal y España por la costa, era de casi tres horas, y las autoridades aduaneras portuguesas franquearon el paso del vehículo del vicepresidente y su escolta hasta la primera fila. La intervención airada de un ciudadano, que reclamaba igualdad de condiciones en la espera y acusaba al dirigente español de «colarse por el morro», provocó una fuerte discusión en el curso de la cual Guerra fue increpado con gran dureza. Despechado, el vicepresidente ordenó volver a Faro, y solicitó por teléfono un Mystère que despegó de Madrid, le recogió en Portugal y le trasladó a Sevilla.

El gesto prepotente del vicepresidente, un arranque de despecho más propio de los políticos caciquiles de otra época tan justamente denostados por él, se convirtió en carne de una polémica de tal calibre que hizo descender como nunca la estimación personal de Alfonso Guerra. Aunque la prensa conservadora difundió la especie de que las prisas estaban motivadas por el interés de ver a Curro Romero en la Maestranza sevillana, lo cierto es que Guerra fue víctima de la deferencia de la policía fronteriza portuguesa, y del cansancio de una ciudadanía a la que la falta de infraestructura de transportes obligaba —y aún obliga— a esperar horas para cruzar el Guadiana. Guerra aguantó lo suyo aquella tarde, del mismo modo que ha recibido frecuentes desplantes de las tripulaciones de Iberia en los vuelos IB-511. Probablemente, la cascada de insultos y reproches fue el factor que desencadenó la reacción sumamente desproporcionada en arrogancia. El incidente, desde luego, sirvió de algo: poco después de aquella tarde, la frontera de Ayamonte permaneció abierta las 24 horas durante los fines de semana, y en el encuentro hispano-portugués que se celebró esa misma semana quedó desbloqueado el acuerdo para la construcción del puente internacional sobre el río. También permitió comprobar cómo habían evolucionado las relaciones de entendimiento de la crítica por parte del poder: Guerra calificó de «vendaval antidemocrático» las unánimes condenas de su actitud suscitadas en la prensa y la oposición.

La polémica del Mystère, verdadero «entierro» del Alfonso Guerra austero y despegado de las mundanidades, contó con un quite político muy similar al que el 1 de febrero de 1990 protagonizó el presidente Felipe González en torno al escándalo sobre Juan Guerra. Si en esta última ocasión González vinculó la dimisión del vicepresidente a la suya propia, en el debate parlamentario originado por el uso del avión oficial se trató de una intervención que acentuaba aún más el carácter arrogante del gesto de poder realizado en la frontera. En una sorprendente defensa de la arbitraria prerrogativa utilizada, González declaró que el error de Alfonso Guerra había consistido en no usar más a menudo el Mystère para sus viajes de fin de semana a Sevilla. Lo que pocos saben es que, si no para ir a Sevilla, Alfonso Guerra sí utilizó el Mystère en 1983 para viajar a Roma cuando María Jesús Llorente pasaba en la academia española los meses de su embarazo italiano.

Pero Ayamonte parece un lugar negativamente predestinado para los hermanos Guerra. Otro domingo, éste de enero de 1990, Juan Guerra fue sorprendido por dos reporteros del periódico *ABC* cuando cruzaba la frontera de vuelta a España tras haberse refugiado en Portugal para capear la primera gran tormenta levantada por el descubrimiento de sus negocios privados. La estampa del hermano oculto al volante de su Mercedes oscuro, protegido por las gafas de sol y tocado con una gorra de marinero, de las llamadas hanseáticas, dio la vuelta a España y multiplicó la imagen siniestra que el «hermanísimo» ofrecía en las fotos de archivo divulgadas en aquellos momentos.

Ese retrato de Juan Guerra en Mercedes y semicamuflado, logrado por el fotógrafo José Manuel Serrano, reforzaba la credibilidad del escándalo más que muchos de los argumentos que ya se acumulaban en toda la prensa nacional. Aquella tarde, año y medio después del asunto del Mystère, otro Guerra volvió a acaparar el protagonismo en el paso fronterizo, donde terminó una discusión comenzada en plena calle apelando a la protección de la Guardia Civil tras un intento visceral de atropellar inicialmente al reportero gráfico.

Al final, después de lograr que la Benemérita se pusiera de su lado en la pretensión de secuestrar el trabajo periodístico tomado en la vía pública, Juan llegó a un pacto con los reporteros: él volvería al coche y se dejaría fotografiar a cambio de que se le entregara el primer carrete, donde aparecía acompañado por Maribel García Valverde, a la que ha tratado siempre de proteger y aislar de su propia polémica. La famosa foto del Mercedes y la gorra era, pues, una imagen pactada, pero no perdió por ello un ápice de su valor documental. En ella, Juan aparecía retratado con una asombrosa fidelidad a su propio estereotipo. Al estereotipo de un desclasado sin refinar aficionado a trazas estéticas de aspecto siniestro.

Del desclasamiento de Juan Guerra hay muchas pruebas. Unas son conceptuales, y otras estéticas, simbólicas, lo que los inspectores de Hacienda, que no han menudeado demasiado alrededor del asunto, suelen llamar signos externos. La principal prueba es que en 1982 estaba en el paro, que poco después cobraba algo menos de 130 000 pesetas y que en 1990 tenía media docena de fincas, otros tantos pisos, tres coches, una pequeña cuadra y un holding mercantil. O que en 1982, para escapar a un embargo por despido de un trabajador apellidado Calahorra, obtuvo una declaración de pobreza mediante auto, y en marzo de 1990 liquidó dicha indemnización mediante la simple firma de un cheque nominal. O que en 1988, un socio suyo pagó al contado una finca de 75 millones de pesetas. O que, en 1986 Hacienda le devolvió 183 964 pesetas por una declaración negativa, mientras él liquidaba un crédito hipotecario de 900 000. O que el juez que tramitó su divorcio elevó la pensión a su ex mujer de 185 000 a 250 000 pesetas alegando que entre 1986 y 1988 se había producido un aumento sustancial de los ingresos del demandado. Pero, sobre todo, para quienes sólo le veían circular por Sevilla y sus alrededores, Juan Guerra estaba haciéndose rico porque era rumboso, tenía caballos, un cochazo y «un pedazo de cortijo».

En gran parte de Andalucía —lo ha recordado hace poco Víctor Márquez Reviriego— conserva todavía vigencia la imagen del éxito vinculada a una trilogía castiza de símbolos de ostentación: coche, caballo y cortijo. Las tres C, una simbología clásica de una cultura agrarista, cuyas referencias de riqueza, poder o dominio están vinculadas a las estructuras del latifundio. Este sustrato mental es demasiado profundo para haber aceptado aún la moderna irrupción de una economía industrial, con sus correspondientes metáforas del triunfo, de modo que hasta en los núcleos más impregnados por la semilla revolucionaria subyace un modelo subconsciente de desclasamiento basado en la imagen del terrateniente. O, por decirlo más precisamente, en la imagen del señorito.

Así que si un torero, como se dice en el sur, no ha triunfado hasta que no es dueño de una ganadería, Juan Guerra debió pensar que no se sentiría rico hasta que no tuviese un cortijo, un coche y un caballo. Y mejor varios que uno solo, porque Juan está ya contaminado de cierta mentalidad especulativa, y conoce los procesos de revalorización de la

Adolfo Guerra, el más listo, según su hermano Manuel, lo fue también para este asunto del aterrizaje en la riqueza. Adolfo navega entre la sombra protectora de Alfonso y los métodos aprendidos con Juan, pero suavizados.

Adolfo fue el único que este año de 1990 pudo dejarse ver sin problemas en la Feria de Abril, sin miedo a sevillanas zumbonas, ni a altercados, ni a incidentes. Él no ha sido asistente de nadie, es un ciudadano normal.

tierra y los inmuebles. Así que se puso manos a la obra y dejó, acaso irresponsablemente, que le luciera el dinero. De forma que, cuando estalló el escándalo, tenía Mercedes, tierras y caballos.

El Mercedes es otro de los grandes símbolos del triunfo en una región acostumbrada a la miseria. Los grandes vehículos ingleses, los veloces BMW alemanes, los Volvos, no tienen el aura de éxito del Mercedes. El Mercedes es algo más que un coche en el código primario de signos de ostentación, y Juan lo sabía. Juan no es como su amigo el alcalde de Sevilla, Manuel del Valle, que aguanta pacientemente en su piso de protección oficial y con su modesto Opel Rekord hasta que finalice su etapa política, porque sabe que no puede comenzar a lucir los cientos de millones obtenidos, a través de su suegra, por una recalificación de terrenos en San Pedro de Alcántara. No. A Juan le gusta que se vea lo que tiene. Por ejemplo, le ha gustado siempre cambiar de coche, y ha manejado varios simultáneamente. A sus hijos les compró un Nissan campero, y a su mujer un Panda. Luego vino otra mujer, y para ella hubo un Peugeot. Y para él, cansado del Audi y de los otros autos —siempre con matrícula provisional o turística—, nada mejor que un Mercedes, que despertó, según su propia confesión televisiva, la curiosidad, o la sospecha, de su hermano Alfonso. Esta declaración, por cierto, arruinaba la protesta de ignorancia que el vicepresidente había hecho en el Congreso dos meses antes. Pero eso es parte de otra historia.

La de ésta es que, de los signos clásicos de la prosperidad y el desclasamiento según la cultura popular andaluza, Juan Guerra no dejó ni uno sin asimilar. Se compró buena ropa, informal pero de marca, vaqueros Caroche, cazadoras Burberrys, gafas de sol de importación, algún traje caro y corbatas de seda que le elige su compañera, porque es daltónico y no distingue bien los colores. Se arregló la barba, más recortada, trabajo de peluquería frecuente para huir de la imagen asilvestrada de guardaespaldas que muestra en muchas de las fotos en que se le ve con su hermano. Adquirió tierras de dehesa, que no de cultivo, cotos de caza, cortijos donde construir residencias rústicas para venderlas a otros nuevos ricos. Se fue a vivir a un chalé, una hacienda, compró caballos y mandó hacer cuadras, hasta que la alcaldesa de Espartinas, María Regla Jiménez, que es de derechas —una paradigmática, clásica, señora de derechas— y le tenía un poco de ganas, mandó parar las obras por no ajustarse a la normativa municipal. Juan envió entonces los caballos —que eran siete: el suyo, uno para cada hijo y el de su sobrino *Pincho*, regalo de Reyes, quién le iba a decir que terminaría dándole problemas— a la cuadra de un amigo en Hinojos. El autor de este libro ha oído al personaje lamentarse en la barra de un bar de la mala suerte que le obligó, en 1989, a quedarse sin estrenar la caballería en la Feria y el Rocío, por mor de la peste equina que su colega Manaute, poco estimado por él, era incapaz de erradicar.

El caballo de *Pincho*, Alfonso Guerra junior, ha dado que hablar. Alguien del entorno del vicepresidente filtró a la prensa, tratando de hacerle un favor a su jefe, que éste había devuelto el regalo de Juan a su sobrino. No es cierto. Y el propio Juan lo demostró en la televisión, en su antológica respuesta a Mercedes Milá, cuando negó que el regalo fuese suyo, y lo achacó con toda seriedad a los Reyes Magos, compadecidos, al parecer, de la tristeza del pequeño urbanita que nunca había tenido cerca un caballo. Le faltó añadir que era la suya una tristeza mahleriana. El caballo está, dijo Juan, «donde tiene que estar». Esto es, en una cuadra.

*Pincho*, debilidad proclamada de su padre, ha protagonizado ya, a su pesar lógicamente, más de una polémica. Apenas aprobada la reglamentación que prohibía a los menores de 14 años acudir a las corridas de toros, Alfonso Guerra no tuvo empacho en acudir a la Maestranza con su hijo, que apenas contaba la mitad de la edad precisa, vestido de corto, con sombrero y zahones. Al contemplar la fotografía, divulgada por la agencia Efe, la asociación ecologista Agaden presentó una denuncia, que no prosperó, al tiempo que la prensa propinaba un nuevo varapalo a la contradictoria conducta del vicepresidente que, si se muestra dispuesto a mentir por la sonrisa de un niño, estaba con más razón firmemente decidido a contravenir la ley por la diversión de su propio vástago. La sonrisa de *Pincho* bien valía una denuncia. Sobre todo, si era archivada.

Pero lo de los toros era sólo un detalle. Expresivo del cruce de la frontera de la doble moral, pero sólo una mínima, perdonable, cariñosa expresión del privilegio de mandar. El problema surgía a la hora de justificar el despliegue de ostentación primaria de Juan, o los arranques de prepotencia del Mystère, o el curso de verano de *Pincho* en una seleccionada *school* inglesa, o la reapertura de la librería Antonio Machado... a cargo de la Fundación Pablo Iglesias y con Carmen Reina como directora. (Entre paréntesis: el día que se inauguró la nueva librería refundada, la colección de bolsillo de Alianza ocupaba la estantería más visible. «Esta mujer se ha quedado en mayo del 68», comentó en voz baja un colega de gremio.) Para arropar todo eso, para articularlo con el concepto del partido de los descamisados, hacía falta improvisar una teoría, no muy profunda, pero eficiente, que calara un poco sobre la base de la mayoría electoral. Y fue Juan, tosco, primitivo, sin refinar, al fin y al cabo responsable del desaguisado de imagen, el encargado de «venderla» en la televisión. Por qué los de izquierdas no podemos hacernos ricos. Ése era el mensaje para salvar, al menos, los simbólicos muebles de la mayoría.

Adolfo, el más listo, según su hermano Manuel, lo fue también para este asunto del aterrizaje en la riqueza. Adolfo navega entre la sombra protectora de Alfonso y los métodos aprendidos con Juan, pero suavizados. Sus andanzas fueron precoces: en 1978 fue expulsado del partido, junto a un tal Oleaga, por irregularidades económicas en la gestión de la caseta de feria del PSOE. Pero nunca ha formado alboroto público. Adolfo, que al igual que sus hermanos ha cambiado de mujer, ha ganado dinero sin estridencias, ha escalado posiciones y comodidad sin ruido, se ha comprado un chalé en la cornisa residencial del Aljarafe, como tantos profesionales urbanos, aunque casi ninguno proceda como él de la periferia obrera. Adolfo paga sin rechistar lo que la abogada de su ex mujer le sube cada año en la pensión: a él no le pasará lo que a su hermano. Adolfo se ha comprado un Alfa Romeo en vez de un Mercedes, se ha colocado en Amper, empresa pública, como delegado para Andalucía —unos seis millones de pesetas al año, más incentivos—, ha hecho negocios solapados bajo un ciudadano vinculado a la ultraderecha, Carlos Medina, y ha trabajado con Juan lo imprescindible para no armar escándalo. Adolfo ha entrado y salido en la Expo 92 sin aparecer en los periódicos, y en Mercasevilla se las apañó para que rodaran cabezas más importantes antes que la suya. Sólo se le fue la mano —ay, el alcohol de la media tarde— el día en que lo llamó por teléfono una periodista del *Correo de Andalucía* para preguntarle por cierta comisión de investigación. Pero luego aclaró que aquellos insultos no llevaban ánimo de ofender. Por eso Adolfo fue, de los más pequeños y cuestionados hermanos Guerra, el único que este año de 1990 pudo dejarse ver sin problemas en la Feria de Abril, sin miedo a sevillanas zumbonas, ni a altercados, ni a incidentes. Él no ha sido asistente de nadie, es un ciudadano normal. Lo suyo es aproximarse al confortable silencio de lo mediocre.

# Un asunto de mujeres

*El labio partido de Ángeles López • Una pintada en las paredes: «Juan Guerra le pega a su mujer» • Los largos días de la venganza • Pequeña historia de un favor denegado • Mercado negro de secretos • Un impulso llamado Maribel • La educación sentimental de Alfonso • Unas fotos que nunca se vieron: «Verás cuando se entere mi papá» • Estabilidad de conveniencia • Con Gracia, pero sin esperanza*

En setiembre de 1986, la relación entre Juan Guerra y su esposa, Ángeles López, estaba prácticamente liquidada. Habían compartido momentos del verano, incluso con Alfonso y su familia, pero las cosas ya no eran igual desde febrero, porque Juan mantenía relaciones casi estables con Maribel García Valverde, la mujer a la que había conocido en el parque de María Luisa dos años antes. Cuando comenzó el curso, Juan pasó a convivir en la práctica con su nueva compañera, dando otro salto cualitativo en una vida que ya llevaba decididamente un camino de ascenso.

Pero Ángeles, Angelita, no se conformaba. Sabedora de la nueva situación económica de su marido, pese a que éste había intentado ocultarle sus maniobras en un principio, decidió acometer un proceso de separación en el que ella llevara también algún beneficio. Aconsejada por algunas amigas, Angelita comenzó a rechazar su papel de esposa encerrada con los hijos que aceptaba de hecho una separación matrimonial sin ningún beneficio por su parte. Y poco a poco fue concibiendo la idea del patrón que habría de servirle para tejer la ruptura.

Por eso, la noche del 29 de setiembre llevaba consigo a

su hijo de nueve años cuando detuvo el coche —un Seat Panda que le había regalado Juan— ante la casa de Maribel en la calle Bogotá. Quería encontrarlos juntos arriba, pero habían salido y tuvo que esperar. Cuando llegaron y Angelita comenzó los reproches, Juan se molestó sobremanera al ver al niño, y acusó a su todavía esposa de actuar con mala fe. De la discusión, en plena calle, se pasó al forcejeo, y en él se le debieron ir las manos al hombre, porque Ángeles salió con el labio roto y algunas magulladuras en los brazos, aunque Juan dio una versión del incidente, en su entrevista de abril de 1990 con Jesús Quintero, según la cual el espectador sacaba la impresión de que ella había golpeado con la boca la mano del sorprendido esposo, o poco menos. Angelita, que es mujer de carácter, se fue a la casa de socorro y al juzgado de Camas, probablemente después de recibir algún consejo al respecto. En el juicio que se abrió con la denuncia dijo haber sido agredida y maltratada con anterioridad.

El juez de distrito Antonio Montero condenó días después a Juan Guerra a tres días de arresto menor, y un juzgado de instrucción rechazó la apelación presentada por el condenado, que no cumplió la pena por ser la primera vez —aunque existía otra denuncia meses antes— y tratarse de una falta leve. Empero, la verdadera condena de Juan ya había comenzado, porque Ángeles cerró sus prejuicios, afirmó su rencor y empezó a rumiar la venganza. La separación por mutuo acuerdo y la pensión de 185 000 pesetas ya no iban a pararla.

La hostilidad que se gastaba Ángeles después de la separación se hizo palpable en detalles verdaderamente asfixiantes. Amparándose en la convivencia de Juan con otra mujer logró que el juez prohibiese a su ex marido sacar a los hijos de paseo durante las visitas establecidas, de tal modo que el padre estaba obligado a permanecer en el interior de la urbanización Jardín Atalaya, de Camas, cuando le tocaba ver a los niños. Esto era para Juan Guerra un auténtico golpe, acostumbrado como estaba a ejercer de «padrazo» y a volcarse con sus hijos en regalos y sorpresas, de los que los famosos caballos son un ejemplo meridiano. Pero el marcaje de Angelita era tan implacable que denunció incumplimiento de la cláusula cuando Juan sacó a los muchachos hasta un quiosco de chucherías situado al otro lado de la carretera, lo que obligó al padre a hacerse acompañar de notario en sus visitas a la familia, para no perder la posibilidad de continuar haciéndolas.

A pesar de todo, Juan no comprendió que la ruptura matrimonial entrañaba peligro para sus actividades, acaso porque nunca llegó a considerar del todo seriamente que éstas podían resultar políticamente comprometedoras, o porque en realidad había visto con tanta claridad sus posibilidades de futuro que prefería seguir jugando a fondo sus cartas. El primer aviso le debió llegar en forma de pintada. Apareció en las proximidades de la Alameda de Hércules, y la firmaba la Asamblea de Mujeres de Sevilla. Decía escuetamente: «Juan Guerra le pega a su mujer.» No había insultos. Pero un buen entendedor hubiera comprendido que aquello encerraba una amenaza. La de sacar a la calle algo más que las disputas de familia.

A Juan Guerra le perdió, probablemente, un exceso de confianza, o de soberbia. Ángeles le enseñó las uñas con el dossier que entregó a Fraga dos años después, en represalia por la negativa del ex marido a elevarle la pensión por encima de la cantidad fijada por el juez, a la sazón ampliada de 185 000 a 250 000 pesetas, en explícito reconocimiento a la bonanza económica del inquilino del despacho de asistente vicepresidencial. La denuncia en la prensa era un misil dirigido contra la línea de flotación del creciente entramado de negocios y propiedades. Pero ni siquiera entonces cedió el «hermanísimo». Sólo cuando estalló el verdadero escándalo, en febrero de 1990, se dignó hacerle una oferta a Angelita. La presentó su abogado, Antonio Mates: diez millones por la custodia de los tres hijos a su cargo. No hubo acuerdo. Antes, Juan la había amenazado con retirarle la pensión si seguía haciendo declaraciones —algunas de ellas fueron vendidas— a las revistas. En una de estas entrevistas, Ángeles afirmaba que su ex marido le había dicho que no podría sacarle nada, porque todo lo tenía a nombre ajeno.

En los últimos años, Juan estaba francamente irritado con su ex mujer. Le irritaba especialmente que frecuentara círculos feministas y tertulias de gente culta, como una, llamada Juan de Mal-Lara, formada por algunos libreros, poetas y profesionales liberales, que se reunía en la librería de José Manuel Padilla, un viejo compañero teatral de Alfonso Guerra. Su animadversión llegó a tal extremo que se negó a hacerle un favor a Padilla por este motivo.

La anécdota es divertida. Padilla, que en los últimos años edita libros además de venderlos, había solicitado a la Junta de Andalucía una subvención de 54 millones de pesetas para una publicación. La Junta le concedió un millón, y el librero, que comparte con Juan Guerra la amistad de un ciudadano llamado Manuel Guerrero, le pidió a éste una gestión ante *el Conseguidor.*

Guerrero, uno de los mejores amigos de Juan, fue a verlo a su despacho de asistente. Pero el «hermanísimo» se negó a gestión alguna cuando supo que era para un contertulio de su ex esposa. «Padilla es un tunante y un sinvergüenza», le dijo al peticionario, que transmitió al librero la respuesta. Poco después, al estallar el escándalo, los clientes de la céntrica librería se asombraron al ver a Guerrero entrar en el local blandiendo periódicos con la historia de los negocios de Juan Guerra y dando gritos mezclados con risas: «¡Padilla, tunante, sinvergüenza!»

Angelita, desde luego, lo ha pasado mal. Su jugada fue muy fuerte, acaso mucho más de lo que ella esperaba al encender la mecha. Durante los primeros meses de 1990, en Sevilla se jugó muy sucio en torno al «caso Juan Guerra». Los periodistas, en especial los enviados de varios semanarios de Madrid, ofrecían dinero, a veces mucho dinero, por información. En el registro mercantil había un ex miembro de los servicios informativos de la Guardia Civil que vendía a precio de mercado negro fotocopias de las inscripciones de las sociedades del *holding* Guerra, para los que no podían esperar los cuatro días de demora media. A Angelita le cercaron en su piso de Camas fotógrafos, reporteros, pescadores de río revuelto y enviados amenazantes de Juan o de sus amigos. Su teléfono era un crepitar de amenazas. Ella dijo, acaso para reforzar su posición, sentirse absolutamente acosada y atemorizada. Su abogado, Antonio Alva, estratega parcial de los movimientos de su representada, terminó sintiendo que se tergiversaban sus declaraciones, y hasta llegó a restarle importancia al episodio de las bofetadas de la calle Bogotá. Y todo se puso en venta: declaraciones, papeles, denuncias, secretos. Cuando Juan Guerra, imitando inconscientemente los gestos e inflexiones de su hermano Alfonso, decía en televisión que le perseguían en su finca con helicópteros y avionetas, estaba completamente en lo cierto. Hasta con caballos llegaron a entrar en «Las Brujas» algunos reporteros. Lo que Juan no dijo es que sus guardaespaldas iban armados con escopetas, que algunos vigilaban también a caballo y que su hijo Juan amenazó a unos periodistas del diario *El País* diciéndoles que si los guardas de la finca cometían un error estaban amparados por la protección de un delito de allanamiento de morada.

Quizá por todo eso, uno de los mayores esfuerzos de Juan Guerra desde que se vio en la picota de todo el país ha sido la protección de la intimidad de su actual compañera. Maribel García Valverde, una enfermera de 35 años, separada del médico Antonio Guerrero, ha permanecido prácticamente al margen del gran revuelo organizado en torno al hombre con el que se unió hace casi cuatro años. Firmemente decidida a no dejarse comprometer en el escándalo, ha protegido su imagen casi ferozmente, enfrentándose a los *papparazzi* cuando ha sido necesario. Esta mujer de aspecto duro y gestos autoritarios es, para muchos de los sevillanos que conocen a Juan, uno de los personajes con mayor influencia en el sustancial giro de la vida del hermano del vicepresidente.

Según esta teoría, Maribel, que fue militante de la Joven Guardia Roja en sus años de estudiante, es pieza básica en el proceso de desclasamiento de su compañero y en su conversión en intermediario de influencias con beneficio propio. Para las personas que han conocido a Juan Guerra en el despacho de la delegación del Gobierno, su actitud de servicio al Partido Socialista experimentó una fuerte inflexión coincidiendo en el tiempo con sus relaciones con María Isabel García, decantándose por un interés personal mucho más acusado. Es incuestionable, de hecho, que el proceso de creación de su entramado de bienes y negocios particulares se aceleró de forma vertiginosa en los dos últimos años, es decir, a partir de la separación formal de Ángeles López Rubio, y que es en este período cuando los hábitos de Juan sufrieron una importante reconversión hacia formas de vida más muelles y más sensibles a los signos externos de riqueza.

El «hermanísimo» ha sido siempre un hombre rumboso, fácil de billetera, despegado. Del mismo modo que prestaba dinero a gente que iba a pedirle favores a su despacho —al despacho de asistente—, tiraba de cartera cuando se encontraba a los amigos, y era abiertamente generoso con sus seres queridos. Esta forma expansiva de comportarse contribuyó no poco a divulgar por Sevilla, ciudad cerrada donde las noticias corren boca a boca, la evidencia de que el hermano del vicepresidente manejaba con soltura dinero fácil y era cliente de establecimientos de lujo. Como Loewe.

En la tienda de Loewe, situada en la céntrica plaza Nueva y frecuentada por una clientela de alto poder adquisitivo, Juan Guerra y su Visa Oro tenían estatus de VIPS. Las dependientas del establecimiento, en su mayoría chicas de la buena sociedad sevillana, recuerdan la frecuencia con que recibían la visita del hermano del vicepresidente, acompañado de Angelita, primero, y posteriormente, sobre todo, de Maribel, que en algún caso le llegó a reprochar en público, con gestos ásperos, su interés por regalarle algún modelo exclusivo de alto precio.

Pero Juan no se desanimaba en sus afanes generosos. Dispuesto a «retirar» —un concepto sumamente castizo— a Maribel de su trabajo de enfermera, llegó a abrir una tienda de artículos de lujo en piel de Ubrique, que puso a nombre de su nuevo amor a finales de 1988. Esta tienda, llamada Ubrique, está emplazada en plena Puerta de Jerez, de Sevilla, uno de los puntos más caros de la capital, frente al lujoso hotel Alfonso XIII. El establecimiento fue pronto la

**A Juan Guerra le perdió, probablemente, un exceso de confianza, o de soberbia. Ángeles López** (en la foto) **le enseñó las uñas con el dossier que entregó a Fraga dos años después, en represalia por la negativa del ex marido a elevarle la pensión por encima de la cantidad fijada por el juez.**

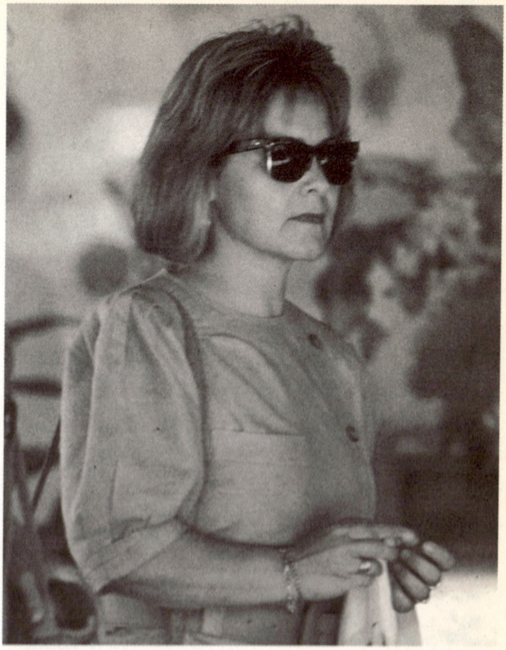

**Maribel García Valverde, firmemente decidida a no dejarse comprometer en el escándalo, ha protegido su imagen casi ferozmente, enfrentándose a los «papparazzi» cuando ha sido necesario.**

principal actividad de la nueva mujer del *Conseguidor*, que actuaba como administradora, pero su apertura despertó aún más la irritación de Ángeles López, por esas fechas suficientemente convencida de que su preterición económica era deliberada por parte de su ex marido.

* * *

El cambio de pareja ha sido otro de los factores comunes a las vidas de los tres últimos hermanos Guerra en la década de los ochenta. El dato no deja de ser interesante, porque contribuye a asentar la idea de que el acceso a diferentes fórmulas de uso del poder ha transformado en numerosos aspectos la vida de Alfonso, Juan y Adolfo. Sólo este último se ha casado por segunda vez. Sus dos hermanos inmediatamente mayores han establecido otra clase de vínculos sentimentales con mujeres a las que han conocido en el curso de los más recientes acontecimientos de su vida.

Si en el caso de Juan el despacho oficial jugó un importantísimo papel en el acercamiento a Maribel García Valverde, la importancia del poder y la política en la vida sentimental de Alfonso es inequívocamente crucial. Ni uno ni otro eran, en los años sesenta y setenta, personajes seductores o con especial facilidad para la conquista y la relación con el otro sexo. Juan se casó pronto, a los 24 años, con una mujer de 20 a la que conocía desde los 13, es decir, prácticamente su única novia. Los hijos llegaron casi de inmediato. «Yo estaba siempre en casa, pariendo», declaró Angelita durante los primeros compases del escándalo que la puso en relieve nacional. Las aventuras de Juan, si las hubo, se redujeron a las propias de la actividad de un viajante que disponía de tiempo libre. Sus amigos coinciden en la impresión que pareció producirle la visita a locales de exhibición de sexo durante el viaje a Alemania con que el Círculo de Lectores le premió con motivo del nacimiento de su primer hijo. Era Juan, por esas fechas, un ciudadano agobiado por la supervivencia, con pocas oportunidades para seducir o ser seducido por nadie, y sólo cuando las cosas comenzaron a irle bien, es decir, cuando ocupó el despacho de la delegación del Gobierno, se le pudieron conocer dos romances más o menos largos, uno de ellos en paralelo con el de Maribel García Valverde.

Con Alfonso sucedía algo similar. Aunque un amigo de la familia, el ya citado brigada Antonio González, ha pintado al actual vicepresidente de niño como un precoz levantador de faldas, las mujeres no fueron un asunto fácil para el joven Guerra. Carmen Reina fue también, prácticamente, su única novia, excepción hecha de otra actriz, llamada Rosario Galán, con la que mantuvo un romance platónico que luego ella violaría publicando sus cartas en una revista. Una mañana, Carmen y Alfonso se casaron, casi por sorpresa, sin avisar a la mayoría de la familia —los hermanos se enteraron por Adolfo— y marchándose después cada uno a su casa.

En esa época, Alfonso, pese a compartir círculos progresistas, del progresismo casi infantil que era posible en una Sevilla cerrada y muy dura con las novedades, apenas si mantenía relaciones con otras mujeres. Carmen, estudiante de Arte Dramático —era compañera de curso del cantante y pintor Benito Moreno— tenía el tipo pequeño y menudo que Alfonso siempre ha adorado, y que él centra como referencia conocida en la actriz Audrey Hepburn. Ella vestía de negro, tenía ojos grandes y mirada cómplice, y estaba absolutamente fascinada por él. De hecho, en Esperpento, Alfonso llegó a imponerla en algún papel. En aquel tiempo, la mujer seductora del grupo teatral, la que centraba atenciones y emitía halo de atracción, era Amparo Rubiales, a la que sus compañeros recuerdan en el papel de una Antígona cuyo padre, Creonte, salía a escena con la cruz gamada en el antebrazo. Rubiales era, y sigue siendo, una mujer de poderoso influjo, brillante, inteligente, fuerte y con personalidad, que se ha ganado las simpatías de muchos y variados personajes de la política en Andalucía y en Madrid, y que ha sobrevivido a crisis de enorme potencia destructora.

Amparo Rubiales, que entonces estaba en las filas comunistas y hoy es significada valedora del guerrismo en Andalucía, sabe bien que Alfonso Guerra era un hombre sin éxito hasta que llegó a Madrid, hacia 1974. En Madrid, con un papel relevante en la dirección del Partido Socialista, Alfonso aumentó geométricamente su campo de relaciones humanas, con una amplitud que en Sevilla era imposible de lograr. Naturalmente, el terreno de las relaciones femeninas también gozó de una considerable ampliación, de modo que el entonces secretario de organización comenzó a acercarse a un horizonte vital que hasta entonces no tenía posibilidad de alcanzar.

A finales de la década de los setenta, Alfonso Guerra comenzó un idilio con la periodista Julia Navarro, con la que compartió vivienda durante varios años, primero en Legazpi y luego en la calle Luisa Fernanda. Desde entonces, Alfonso comenzó a aplicar un esquema de organización de su vida que ha mantenido después a rajatabla, y que consistía en regresar a Sevilla, a su hogar familiar, los fines de semana. Sólo que, en aquellos años, Carmen Reina desconocía la clase de relaciones que su marido mantenía en la capital de España.

En el piso de Luisa Fernanda era asiduo visitante Felipe González, cuya amistad con Guerra era de una solidez a prueba de quebrantos. Felipe hubo de hacer, incluso, de apagafuegos para más de un enfado de Julia Navarro, que comprendía poco y mal los retornos a Sevilla de los fines de semana, y que pasó una crisis cuando, en 1980, supo, precisamente en Sevilla, que Carmen estaba embarazada.

Claro que el juego tenía sus riesgos también para él. En cierta ocasión, Carmen se enteró de la existencia de Julia, montó en cólera, viajó hasta Soria y se presentó en el parador donde ella estaba con su marido. Como ni Alfonso es Juan, ni Carmen es Angelita, la cosa no pasó de una escena, probablemente bien compuesta dado el pasado dramático de los dos. Pero Alfonso debía ejercer una peculiar influencia sobre ambas mujeres, porque logró prolongar un tiempo más el dúplex. Luego, ya fría la relación con Julia, conoció en un avión a María Jesús Llorente, a la que se aproximó —detalle para folletines— al verla llorar por la reciente ruptura con su novio.

Julia Navarro dejó una importante huella en el actual vicepresidente. No sólo porque le introdujo en el mundo de la prensa, en el que Guerra desplegó una impresionante capacidad de seducción que le resultó extremadamente útil, sino porque comenzó un proceso de refinamiento personal. Julia le pulió estéticamente, le regaló las primeras corbatas de seda, los primeros complementos de Loewe, le enseñó a prescindir de la pana y a ser mundano. Y Guerra, que además de un notable criterio personal posee gran capacidad de asimilación, absorbió aquel caudal y lo filtró para incorporarlo a su propia manera de ser.

Luego vino María Jesús Llorente. La prensa madrileña se ha empeñado en presentarla como aristócrata, pero no es así. María Jesús es lo que se llama una «niña bien», miembro de una familia bien situada y emparentada, por vía materna, con el clan de los Benjumea, dueños de Abengoa y el principal grupo industrial andaluz. Cuando conoció a Alfonso acababa de romper una relación con un nieto de José María Pemán, y su romance con un líder de la izquierda provocó todo un terremoto familiar, que ni siquiera pudo atenuar la inmediata condición de vicepresidente del Gobierno adquirida por el amante. Para los Llorente, la situación irregular —no casada y madre de una hija— de María Jesús, aliada a la circunstancia de que el elegido sea una prohombre del socialismo, constituye un baldón familiar que ni siquiera podrá lavar el olvido. Y esto a Alfonso Guerra, un personaje que guarda un intenso resentimiento social, le produce una satisfacción que no disimula.

La vida de Guerra con su compañera sevillana, relación reforzada por el vínculo de una hija, constituye uno de los blancos preferidos de la prensa del corazón y de la mayoría de las revistas de información general, lanzadas en los dos últimos años a una feroz competencia sobre los asuntos sentimentales de políticos y banqueros, cuyos lances poseen gran relieve en la génesis de ciertos acontecimientos con repercusión pública. A este respecto, el vicepresidente ha levantado un muro de silencio en el que intentan escarbar algunos medios sin más resultado positivo que el de algunas fotografías de la pareja acompañando a la pequeña Alma al colegio, o el miniescándalo que la prensa conservadora trató de tejer alrededor del uso de prendas exclusivas y muy caras por parte de María Jesús.

Existe al respecto un episodio altamente significativo. A comienzos del verano de 1989, una pareja de periodistas *free-lancers* obtuvo en una playa andaluza una serie de fotografías de María Jesús Llorente bañándose desnuda en compañía de su hija Alma. Las imágenes fueron obtenidas según la técnica clásica de los *papparazzi*, es decir, mediante teleobjetivo manejado desde un escondite entre las rocas de la playa. Pero la fotografiada se percató de la presencia de los intrusos, e hizo llegar la noticia a su compañero sentimental. Incluso, el mismo día en que fue «cazada», María Jesús comentó el episodio en el chiringuito al que solía acudir a almorzar, ignorando que los autores de las fotos comían en una mesa vecina. «Ya verás cuando se entere mi papá», decía en voz alta la pequeña Alma. Cuando su papá se enteró no hizo absolutamente nada. Pero los editores y directores de las principales revistas gráficas del país recibieron la advertencia indirecta de que habría guerra sin cuartel si se publicaba cualquier cosa que atentase «contra la intimidad del vicepresidente o de su familia».

Fue suficiente. Durante todo el verano, los enviados especiales que agencias y periódicos destacan en Marbella para cubrir la cada vez más mortecina vida social de la Costa del Sol fueron testigos —y el autor de este libro entre ellos— del desencanto con que los dos *free-lancers* exhibían el fruto revelado de su trabajo en Bolonia, que no habían conseguido vender a ninguna publicación. Las expectativas creadas por la concesión de canales privados de televisión habían sido argumentos de suficiente peso para que nadie intentase la aventura. Cuando la decisión gubernativa descolgó al Grupo Zeta y se hizo previsible una hostilidad sistemática, los autores de las fotos volvieron a la carga, logrando vender su trabajo a precio no muy alto, pero sin que llegara nunca a ver la luz.

La convivencia de Alfonso Guerra con María Jesús ha

María Jesús Llorente es lo que se llama una «niña bien», miembro de una familia bien situada y emparentada, por vía materna, con el clan de los Benjumea, dueños de Abengoa y el principal grupo industrial andaluz.

«Para mí lo primero es mi hijo, y luego la librería», confesó a la revista «Panorama» durante la campaña de promoción de la segunda etapa de la librería Antonio Machado la única vez que Carmen Reina ha concedido entrevistas y declaraciones públicas sobre su relación con el vicepresidente.

tenido altibajos e intermitencias, pero goza de una importante continuidad temporal y no ha provocado alteraciones legales en la vida del vicepresidente. Pese al escándalo que podía suponer el nacimiento de Alma en Roma, el matrimonio Guerra no se rompió. No se ha roto aún, dado el consentimiento que Carmen Reina ha otorgado a la doble relación de su marido. Quienes conocen a Carmen de su etapa de estudiante y actriz —de épocas más recientes la conocen muy pocos, pues los Guerra cultivan pocas amistades— la recuerdan como una persona absolutamente fascinada por Alfonso, cautivada por él y entregada de un modo absorbente. Su silencio ante la convivencia de María Jesús y Alfonso —reanudada de manera estable en otoño de 1989— se explicaría parcialmente por esta especie de sugestión, además de por un probable afán de mantener la estabilidad superficial de la vida de él como político y de un seguro interés por la estabilidad emocional de su hijo Alfonso, conocido como *Pincho* pese a la contrariedad que el apodo produce en su madre.

«Para mí lo primero es mi hijo, y luego la librería», confesó a la revista *Panorama* durante la campaña de promoción de la segunda etapa de la librería Antonio Machado la única vez que Carmen ha concedido entrevistas y declaraciones públicas sobre su relación con el vicepresidente.

La reapertura de la librería Antonio Machado, en mayo de 1989, es otro detalle significativo del carácter discrecional de ciertas decisiones de Alfonso Guerra. Decidido, a propuesta de su mujer, a rescatar su viejo establecimiento, desde el que organizó, junto a Felipe González, el germen de lo que hoy es el Partido Socialista, Guerra no quiso, sin embargo, hipotecar en el empeño su patrimonio personal, y embarcó en la aventura a la Fundación Pablo Iglesias, una de las plataformas culturales del PSOE. La librería fue reabierta en un local más amplio y mejor acondicionado que su antiguo emplazamiento —de la calle Miguel de Mañara ha pasado a la de Álvarez Quintero, esquina a la céntrica plaza del Salvador—, y la fundación asume los riesgos económicos de una actividad previsiblemente deficitaria, a tenor de las opiniones de los colegas que visitaron la tienda en las primeras semanas de la reinauguración.

Guerra presumió, durante la etapa inicial de la librería, de su absoluta independencia de la Administración. Los profesionales sevillanos saben que una librería de cierta envergadura no puede sostenerse hoy en día sin el aporte de los concursos de dotación pública de bibliotecas de centros oficiales, que en Andalucía son convocados por el Gobierno autónomo. Durante el primer año, la dirección de Antonio Machado tuvo exquisito cuidado en no acudir a ninguno de estos concursos, aunque en ambientes gremiales se especuló con su no demostrada participación en uno de ellos, de la Consejería de Cultura, a través de una sociedad privada temporal con otro establecimiento. La librería, en cualquier caso, ha aliviado notablemente la situación personal de Carmen Reina, condenada durante casi toda la década de los ochenta a la casi exclusiva actividad de madre y ama de casa, y poco satisfecha con el papel poco airoso en que le coloca la existencia de María Jesús. A este respecto, su cuñado Juan, que no es precisamente un hombre discreto, comentaba frecuentemente a sus amistades la escasa disposición de ánimo que Carmen mostraba durante los fines de semana en que Alfonso viajaba a Sevilla, y en los que, según el «hermanísimo», él tenía que llevarse a comer al vicepresidente a Alcalá ante la negativa de su esposa a alterar su trabajo doméstico cotidiano.

La peculiar situación sentimental de Guerra se ha visto, además, entreverada de relaciones que han ido surgiendo a medida que se convertía en uno de los hombres más poderosos del país, tejiendo a su alrededor un aura de dureza externa y ternura interior como parte del estereotipo biográfico que ha contribuido a sostener con gran esmero. Los nombres de Isabel Serrano de Haro, Assumpta Serna o la andaluza Milagros Frías —todas esbeltas, de una bellleza aséptica y fría, intelectualizada, fieles al tipo que Alfonso confiesa amar— han sido asociados a la vida amorosa de un vicepresidente asimilado en poco tiempo a la imagen de un seductor jacobino tan exquisito en el comportamiento con las mujeres como implacable en el trato de sus rivales y enemigos. Las personas que tiene cerca, incluidos algunos de sus colaboradores políticos, se sonríen de forma cómplice ante esta imagen, que saben parte de un retrato oficial tan rentable para Guerra política como sentimentalmente.

En los primeros meses de 1990, los mentideros sociales de Madrid, los círculos dados al cotilleo y la especulación sentimental, dieron pábulo al rumor de un segundo embarazo de la compañera del vicepresidente. Esta hipótesis desató búsquedas e investigaciones periodísticas de alcance insospechado, al punto de que la interesada utilizó a un amigo, el vidente Octavio Aceves, para hacer un desmentido oficioso en una revista del corazón. En la entrevista, Aceves, acaso desguarnecido por su inesperado protagonismo como intérprete de la dama, dejó caer opiniones de tipo personal sobre la pareja que fueron poco del agrado del vicepresidente, tales como que María Jesús no se casaba con él porque no le interesaba, dada la facilidad, venía a decir, con que ella maneja la relación.

Esta clase de consideraciones molestan en grado sumo a Alfonso Guerra, acostumbrado a unas relaciones femeninas por lo general dependientes de él. Las mujeres de Alfonso han sido generalmente personas que le admiran o le manifiestan deslumbramiento, de modo que él se permite una valoración de alta estima respecto a sí mismo. Tal vez por esto profesa un encendido desprecio a quienes se dejan dominar por las mujeres o a aquellos que, según él interpreta, permiten a sus compañeras entrometerse en decisiones profesionales o públicas.

Esto le sucedió especialmente con José Rodríguez de la Borbolla. A Guerra le separan de Borbolla muchas cosas, además de un muy diferente concepto del ejercicio del poder, que en el vicepresidente del Gobierno se basa en la actuación autoritaria y el ataque sin contemplaciones a rivales o enemigos. Pero, sobre todo, en el plano personal, sin duda el más deteriorado a consecuencia de la larga crisis política incubada entre ambos, hay dos factores que Guerra no «traga» en el actual presidente andaluz: su pertenencia por cuna a una clase social acomodada y su relación con Gracia Sánchez Caballos.

El primer factor tiene mucho que ver con el sustrato de resentimiento que late en Alfonso Guerra, un sustrato no agresivo pero tampoco suave, que arranca de una conciencia de pertenencia al sector extramuros de una ciudad tan estratificada y clasista como Sevilla. Borbolla representa a la clásica familia de intramuros, con una larga presencia en la estructura histórica de la ciudad —su bisabuelo fue alcalde y ministro de Alfonso XIII— y raíces culturales sumergidas en la memoria burguesa y dominante de la tradición sevillana. Esta divergencia, asumible durante los tiempos más difíciles de la transición y la llegada al poder, comenzó a agrandarse en el momento en que diferencias de cariz más inmediato abrieron las primeras brechas entre ambos dirigentes.

Alfonso Guerra ha confesado más de una vez, en privado, su convicción de que el alejamiento de *Pepote* de su órbita y el afán de ampliar los límites del autogobierno obedecen a un espíritu de independencia inoculado por Gracia Sánchez Caballos, la actual mujer del presidente andaluz (ambos están casados en segundas nupcias, al igual que sus anteriores cónyuges, en un curioso cruce de parejas). Gracia, a la que los guerristas andaluces conocen preferentemente como «la demonia», es una mujer de una fuerte personalidad, cuya influencia en Borbolla es en todo caso evidente y conocida por la mayoría de la clase política andaluza y, de forma especial, por los dirigentes del PSOE.

La realidad es que Gracia Sánchez ha participado de forma importante en decisiones políticas de relieve, en las que ha desempeñado un papel superior al que le correspondería como militante socialista o como jefe de gabinete de un consejero del Gobierno. Con más o menos razón, Alfonso Guerra la considera responsable última de la política de ampliación de la autonomía que Borbolla practicó de manera progresiva desde que se hizo cargo de la presidencia regional, desarrollando un aparato de poder en las provincias que se superponía, de hecho, a la estructura orgánica del partido, y que contaba, además, con el refuerzo del manejo de un presupuesto billonario para sostener su acción política. No es casual que los peones del acoso guerrista a Rodríguez de la Borbolla hayan sido sobre todo dirigentes de las organizaciones provinciales desplazados del control real del poder por la estructura gubernativa de la Junta.

Según Guerra, la inspiración conceptual de ese diseño es obra de la esposa de Borbolla, a la que los guerristas acusaban malévolamente de ser la verdadera «consejera» de Educación, cuando no de ejercer de «presidenta». El mecanismo de acoso incrementó el de defensa y retroalimentó las hostilidades, de forma que Gracia Sánchez se movió también abiertamente al ataque cuando el hostigamiento político se hizo insostenible.

Ángeles López, la ex esposa de Juan Guerra, acusó públicamente a Gracia de enviar una funcionaria a pedirle datos sobre los negocios del hermano de Alfonso. Se trata de un hecho absolutamente cierto en lo que hace referencia al contacto, aunque la iniciativa del movimiento pudo ser inversa. Lo cierto es que Borbolla tuvo en su mesa el dossier de los negocios de Juan antes de que saliera publicado. El informe era otro regalo ponzoñoso, porque su simple llegada a la presidencia colocaba a *Pepote* en situación muy comprometida. Angelita, por muy desavenida con su ex marido que anduviera, sabía muy bien en qué bando jugaba, entre otras razones porque había presenciado y vivido el odio visceral entre Juan y *Pepote*. Más tarde o más temprano, el arreglo que buscaba con su «ex» tendría que llegar, y la filtración a los borbollistas le dejaba en una situación desahogada si se veía obligada a justificar el origen del escándalo. En el PSOE andaluz, por lo demás, son muchos los que creen que Borbolla, si bien no destapó el escándalo sobre las actividades de Juan Guerra, sí dio un leve empujón al asunto, mediante la filtración de algunos datos, para sentarse a esperar el cadáver de su enemigo. Y que Gracia estuvo de una u otra manera presente en la maniobra, y no se recató de emitir opiniones negativas y despectivas sobre la conducta del «hermanísimo».

Esta convicción ayuda a explicar el encono final de la defenestración de *Pepote*, para cuya consumación Alfonso Guerra hubo de imponerse incluso a la voluntad —no demasiado consistente, por otro lado— de Felipe González. La posición de Borbolla —de los Borbolla— en el escándalo de Juan Guerra sirvió a Alfonso para acentuar ya con rencor lo que era todavía sólo una durísima enemistad. El relevo del presidente andaluz estaba decidido desde 1988, cuando fue desposeído de la secretaría regional del PSOE, pero el candidato de la ejecutiva, Leocadio Marín, se autoliquidó al asumir en enero de 1990 la responsabilidad del despacho de Juan Guerra y declarar que lo hizo por encargo de Fali Delgado. Pese a la evidencia de ciertos sondeos que incrementaban la popularidad de Borbolla a raíz del escándalo sobre los negocios de su hermano, Alfonso Guerra se negó en redondo a la recuperación de quien consideraba alentador del fuego. Descartado Marín, y poco viable Jaime Montaner, impuso a Felipe González la idea, ya acariciada, de enviar al ministro Manuel Chaves a Andalucía, aunque fuese a costa de una remodelación en el Gobierno que el presidente se mostraba reacio a abordar.

Por eso, cuando Felipe González le dijo una frase que hubiera suscrito Pilatos —«sólo soy un voto en la ejecutiva»—, Borbolla comprendió que ya había perdido. Guerra, fiel a su costumbre, no habló con él durante la crisis. Pero uno de sus más significados colaboradores en Andalucía sí se permitió una sentencia irónica ante unos amigos del partido: «Decidle a *Pepote* que se lo agradezca a Gracia.»

# La hoguera de las vanidades

*Una querella muy particular • La filtración de Pablo Castellano • Lotería de delitos • Jueces, fiscales y otros equilibrios • El caso 1790/90 • Batalla perdida, batalla ganada • Lo que sufrió el PSOE • Alfonso, el perdedor de la historia • Teoría suavizadora del pícaro espabilado • «La gente, por hacerle un favor a Alfonso, pierde el culo» • Carlos Sanjuán vuelve a beber • El pecado de la ambigüedad • Ya nada será como antes*

En la madrugada del 25 de marzo de 1990, la oficina del grupo parlamentario de Izquierda Unida en Andalucía, situada en un edificio de la calle Reyes Católicos, era un hervidero de actividad. El candidato de la coalición a las elecciones andaluzas, Felipe Alcaraz, junto a dirigentes y diputados como Luis Carlos Rejón, Juan Ramón Medina u Horacio Lara, preparaban febrilmente junto al abogado Manuel Fernández del Pozo la querella criminal que al día siguiente, por la mañana, iban a presentar en los juzgados sevillanos contra Juan José Guerra González.

El material básico de la denuncia hubiera puesto los pelos de punta a cualquier jurista riguroso. Se trataba de los tomos de recortes de prensa que la oficina de comunicación del Parlamento sirve regularmente a los grupos de la cámara. Bajo el asesoramiento del letrado Fernández del Pozo, las páginas de los dossiers de prensa eran literalmente arrancadas para ser incorporadas como documentación al escrito nuclear de la querella.

La sorprendente y atropellada actuación de los diputados de Izquierda Unida tenía una explicación. Esa misma tarde, en una conversación telefónica, el presidente andaluz de la coalición, Luis Carlos Rejón, había recibido de Madrid una filtración del Consejo General del Poder Judicial, a través del parlamentario Pablo Castellano, antiguo miembro de dicho organismo. Lo que Castellano había contado a sus compañeros de coalición en Andalucía era, sustancialmente, que el fiscal general del Estado se disponía a archivar la investigación de los fiscales de Sevilla y Cádiz sobre el «caso Juan Guerra», argumentando que no se habían encontrado en ella actuaciones presuntamente constitutivas de delito.

Según la filtración de Pablo Castellano, el fiscal general, Leopoldo Torres, iba a esperar un mes o dos, hasta el comienzo de la precampaña de las elecciones andaluzas, para hacer público el archivo de las actuaciones, otorgando así al Gobierno socialista un formidable punto de despegue electoral. La conclusión que los miembros de Izquierda Unida sacaban del estado de cosas era la necesidad de plantear una denuncia judicial mediante el ejercicio de la acción popular, única vía posible para rescatar el «caso Juan Guerra» de la inminente vía muerta a que iba a conducirlo la fiscalía. Sobre la marcha, Rejón, Alcaraz y Fernández del Pozo improvisaron una querella «por presuntas actividades delictivas» basada en los recortes de los periódicos desde el mes de enero. Sobre las diferentes notas e informaciones, el abogado iba indicando la posibilidad de que aludieran a figuras tipificadas como delito.

Al final, la querella recogía media docena de posibles figuras delictivas: usurpación de funciones, delito fiscal en la declaración del IRPF, falsedad en documento oficial y mercantil, prevaricación y cohecho. Un mes más tarde, el secretario general del Partido Andalucista, Salvador Pérez Bueno, presentaba otra demanda similar, ésta basada en el examen del libro de visitas de la delegación del Gobierno, y en la que se añadía un nuevo delito: malversación de fondos y caudales públicos por el uso privado del despacho oficial.

El conocimiento del libro de visitas por los diputados Alejandro Rojas-Marcos, Soledad Becerril y Javier Arenas, que accedieron en el mes de abril de 1990 a los tomos facilitados por el delegado del Gobierno, Alfonso Garrido, le dio un nuevo giro al caso en los momentos en que comenzaba a empantanarse, relanzando las actividades de Juan Guerra al primer plano de actualidad nacional, del que estaba siendo desplazado por el llamado «caso Naseiro», esto es, el procesamiento de dirigentes del Partido Popular por un presunto delito de cohecho en Valencia.

El Partido Andalucista se basó en la evidencia contenida en el registro, donde los nombres de significados socios de Juan Guerra aparecen inscritos como visitantes coincidiendo en el tiempo con los momentos en que constituían sus empresas o efectuaban operaciones, para su estrategia de judicializar el caso. Alejandro Rojas-Marcos completó la maniobra filtrando el contenido del registro a los diarios *ABC* y *El Independiente* y a la revista *Tiempo*, que inmediatamente lanzaron a la palestra nacional la lista de visitantes, relanzando de forma espectacular el escándalo.

Rojas-Marcos, que había optado por registrar los nombres del libro en un dictáfono para que le diese tiempo a tomarlo en su integridad durante las dos visitas que efectuó para examinarlo, se encontró en esos momentos con una dificultad política: algunos de los visitantes consignados le habían ayudado financieramente en las últimas campañas electorales. El instinto político del dirigente andalucista le empujó a arrostrar el riesgo, amparado en que, además, compartía con los diputados sevillanos del Partido Popular la culpabilidad apriorística de la filtración. En concreto, los hermanos Contreras, registrados hasta 32 veces en el libro de la delegación, se quejaron de la filtración que les había colocado en el ojo del huracán en una ciudad en la que gozan de enorme influencia económica. Rojas-Marcos no lo dudó: culpó a Soledad Becerril, y ésta tuvo que dar a los Contreras —que también habían contribuido a sus campañas recientes— explicaciones más que cumplidas de su «inocencia» informativa.

En el plano judicial, los trámites no fueron fáciles. La querella de IU-CA, presentada el 26 de marzo por la mañana, obtuvo un rápido informe en contra del fiscal de la audiencia sevillana, Alfredo Flores, responsable de la investigación oficial. Flores encontraba innecesario el ejercicio de la acción popular al existir una investigación de oficio, y despreciaba el valor de la prueba documental basada en recortes de prensa. En el fondo, el fiscal jefe de la audiencia defendía el valor de su propia investigación, que podía quedar desairada si se iniciaba la instrucción de un sumario a instancias de parte.

En aquellos instantes, la vía judicial del «caso Juan Guerra» se estaba convirtiendo en algo muy parecido al estado de cosas que se describen en la novela de Tom Wolfe *La hoguera de las vanidades*. Salvando las distancias del sistema judicial electivo norteamericano, el caso entraba en un juego de intereses donde la política y el equilibrio interno en el propio estrato judicial cercaba peligrosamente la realidad objetiva de los hechos y daba al factor humano una importancia decisiva.

El fiscal Flores, un hombre estricto, de convicciones religiosas profundas e ideología conservadora —en 1984 llegó a recomendar el procesamiento del dibujante Nazario, por representar una masturbación ante la imagen de la Macarena en una revista municipal—, pero dotado de una gran capacidad de reciclaje profesional, había dejado ya entrever en los círculos internos de la audiencia que el caso Guerra tenía pocas posibilidades de salir adelante. «Estamos mareando la perdiz», le dijo en cierta ocasión a un abogado que le oyó hablar con la prensa. A Flores y a su colega gaditano Jaime Ollero, que investigaba la implicación de Juan Guerra en el asunto del Puerto de la Plata, le había enviado el fiscal general, Leopoldo Torres, un regalo mojado en veneno, al declarar públicamente que su actuación se limitaría a una mera ratificación formal en función de lo que decidieran los dos responsables de la investigación en Andalucía.

Pero lo que sucedía en Andalucía tomaba visos extraños. El jefe de la brigada de policía judicial de Sevilla, José Antonio Vidal, conocido como *el Chino*, se quejaba en privado de las trabas que sufrían sus pesquisas. Estas quejas llegaron a periodistas y, por vía sindical, a alguna fuerza política. En la audiencia sevillana se temía un acto de contemporización del fiscal, sometido a la presión de la prensa —los periodistas montaban guardia de manera incesante en espera de la declaración de Juan Guerra— y a la papeleta de salvaguardar el equilibrio interno en una estructura judicial que todos sus miembros consideran progresivamente permeabilizada por la correlación de fuerzas del poder político. La idea de que Juan Guerra sólo podría ser encausado por delito fiscal se extendió a base de filtraciones como un tópico reguero de pólvora. Esta tesis partía de círculos próximos a la investigación, y se basaba en que el principal aspecto investigado por la policía y el fiscal era la posible disonancia entre los ingresos declarados y los que realmente recibía de las operaciones mercantiles que realizaba bajo cuerda.

En estas circunstancias llegó la denuncia de Izquierda Unida. El único interés que perseguía era el de no detener las actuaciones, el de prolongar el ruido y la polémica al menos hasta la campaña electoral, y tratar de salpicar a los delegados del Gobierno que mantuvieron abierto el despacho del «asistente», uno de los cuales, Leocadio Marín, era aún considerado como posible candidato socialista. Los comunistas sabían que era cuestión de suerte. Y la tuvieron.

La querella fue aceptada, en contra del informe de la fiscalía, y el caso se convirtió en el sumario 1790/90. Alfredo Flores dijo el lunes 16 de abril, en una tertulia radiofónica regional de la cadena Rato, algo sorprendente: que llamarlo «caso Juan Guerra» podía ser inexacto. Su explicación fue aún más misteriosa. Cuando el periodista Pepe Fernández, director de la tertulia, le requirió que ampliase el significado de su frase, Flores dijo que «al llamarlo así le podemos estar dando rango de protagonista a alguien que sólo es un invitado especial». Después se cerró en banda, amparado en el secreto judicial. Pero la sospecha de que la investigación entraba de una u otra manera en el entramado financiero del PSOE empezó a cobrar visos de realidad.

La aceptación de la querella introdujo, de todas formas, un nuevo factor de discordia en el agitado seno del poder judicial andaluz. Miembros del grupo de Izquierda Unida han reconocido al firmante su convencimiento de que la denuncia entró a trámite porque cayó en manos del titular del juzgado número 6, Ángel Márquez, miembro de la conservadora Asociación Profesional de la Magistratura (APDM), hijo de magistrado y perteneciente casi estamentalmente a la «clase judicial», con un fuerte sentido corporativo. El mecanismo de fuerzas internas comenzó a funcionar. El fiscal Flores ni siquiera compareció en el acto de ratificación de la querella. El juez Márquez pidió sobre la marcha los informes que poseía Flores —seis carpetas en total repletas de documentación—, solicitó a la policía judicial otro sobre la situación fiscal de Juan Guerra, y anunció que haría comparecer a los delegados del Gobierno Marín, Azorín y Garrido. El decano de los jueces de Sevilla, Alfonso Martínez Escribano, un hombre joven, muy brillante en su currículum y en su estilo, también miembro de la APDM y muy suelto en las relaciones con la prensa, asumió de buen grado las funciones del portavoz del caso, pese a las críticas de sus compañeros en la judicatura, que consideraban insólita esta figura y le acusaban, veladamente, de afanes de protagonismo. En sus primeras comparecencias ante periodistas se le escapó un matiz que no pasó inadvertido en la audiencia: habló en primera persona de plural de las actuaciones inmediatas, y posteriormente anunció la intención de hacer «un proceso serio, rápido y contundente». El abogado de Guerra, Antonio Mates, antiguo militante comunista y hombre de prestigio en las filas de la izquierda sevillana, comenzó a acariciar la idea de solicitar nulidad de actuaciones al amparo de la inédita colaboración entre el juez instructor del sumario y el decano-portavoz.

Por su parte, los responsables de Izquierda Unida celebraron alborozados su éxito. Entonces, por consejo de sus asesores legales, prepararon el segundo ataque, basado en pedir que el juez Márquez fuese nombrado instructor único con jurisdicción territorial andaluza, a fin de colocar a su cargo la investigación sobre las operaciones de Barbate. Antes, habían estudiado las perspectivas del factor humano. La sala que debía decidir este nombramiento estaba dominada por la Asociación Profesional de la Magistratura.

Según la filtración de Pablo Castellano, el fiscal general, Leopoldo Torres (en la foto), iba a esperar un mes o dos, hasta el comienzo de precampaña de las elecciones andaluzas, para hacer público el archivo de las actuaciones, otorgando así al Gobierno socialista un formidable punto de despegue electoral.

El conocimiento del libro de visitas dio un nuevo giro al «caso Juan Guerra» en los momentos en que comenzaba a empantanarse. Alejandro Rojas-Marcos filtró el contenido del registro a los diarios «ABC» y «El Independiente» y a la revista «Tiempo», que inmediatamente lanzaron a la palestra nacional la lista de visitantes, relanzando de forma espectacular el escándalo.

El fiscal Alfredo Flores dijo el lunes 16 de abril, en una tertulia radiofónica regional, que llamarlo «caso Juan Guerra» podía ser inexacto, «que al llamarlo así le podemos estar dando rango de protagonista a alguien que sólo es un invitado especial».

La semana siguiente a la admisión de la querella, Juan Guerra declaraba durante cinco horas ante el fiscal Alfredo Flores. Una multitud de periodistas repitió, ampliada, la escena de empujones que había tenido lugar en la declaración de Cádiz, un mes antes, en presencia de ocho guardaespaldas de ademanes siniestros y violentos, y que se había repetido a finales de marzo cuando Adolfo Guerra acudió a declarar ante la juez Rosalía Fernández, en las diligencias abiertas por sus insultos a la comisión investigadora del asunto COMASA. Esta vez Flores, que había anunciado inicialmente su intención de privilegiar al personaje con una declaración semiclandestina fuera de los juzgados, hizo caso de las críticas, citó al declarante en el palacio de Justicia y no permitió la entrada de los fornidos y agresivos escoltas en la audiencia. El fiscal declaró su convencimiento de que aquellos hombres iban armados, pero no inició actuaciones sobre la existencia de una escolta privada ilegal. «Espero que termine pronto esta pesadilla», dijo el «hermanísimo» al salir. Allí empezó Juan a formular su monotemático discurso contra la prensa: «Todo es una sarta de mentiras.»

Una semana después, en Madrid, el fiscal general Leopoldo Torres anunciaba a bombo y platillo que la investigación en Sevilla y Cádiz permitía deducir que las actividades del hermano del vicepresidente del Gobierno no ofrecían indicios de «relevancia penal». Fue la primera noticia sobre el «caso Juan Guerra» —la única hasta el momento de redactar estas páginas— que mereció honores de apertura en el telediario nacional de la primera cadena de TVE. Alfredo Flores y Jaime Ollero se verían obligados, algo más tarde, a efectuar matices al optimismo de su superior, a raíz de que Juan Guerra utilizara hasta la saciedad la irrelevancia penal como argumento autoexculpador en su ofensiva de imagen televisiva y radiofónica. Desde luego, en esos momentos el Partido Socialista acababa de obtener un balón repleto de oxígeno. Lo confesó a este autor un dirigente andaluz: «No soy demasiado optimista, pero de momento está claro que hemos ganado la primera batalla.»

Se trataba de un diagnóstico erróneo. La de la relevancia penal era la primera batalla que ganaban los socialistas en el «caso Guerra», lo cual no es exactamente lo mismo que ganar la primera batalla del asunto. La primera gran batalla de esta «guerra de los Guerra» la había ganado la prensa, la oposición, el pueblo con sus burlas y, probablemente, la propia sociedad en lo que tenía de ejercicio de crítica y transparencia. Pero, sobre todo, la había perdido el PSOE. Y muy concretamente, Alfonso Guerra.

Aunque Rodríguez de la Borbolla guste de hablar de Alfonso Guerra como «un accidente» en la historia del PSOE, el vicesecretario general representa hoy por hoy de manera casi sustancial la fuerza o el poder del Partido Socialista. Alfonso Guerra «es» el PSOE, en parte gracias a su denodada voluntad de absorber el control absoluto de la organización y del poder público que se ejerce a través de ella. El «accidente» del que habla Borbolla suele saldarse con víctimas, como le sucedió al propio presidente andaluz, cada vez que existe alguna clase de confrontación. La importancia del papel de Guerra en el partido, donde ejerce realmente de número 1 aunque su papel teórico sea el de segundo de a bordo, puede medirse por la insólita vinculación que Felipe González hizo de su futuro político con el de Guerra la aciaga tarde del 1 de febrero de 1990. En los pasillos del Congreso, tras la comparecencia explicativa (?) del vicepresidente, González amenazó públicamente con dimitir si la crisis abierta con el escándalo arrastraba la caída de Alfonso Guerra en el Gobierno. Al parecer, según explicó semanas más tarde el presidente, su lugarteniente le había presentado la renuncia en el mes de enero, a consecuencia de los primeros envites de la polémica sobre su hermano. La respuesta fue contundentemente negativa. «A los que buscan una dimisión les animo a seguir intentándolo, porque si lo logran van a tener dos por el precio de una», dijo González aquella tarde. El mensaje no tardó en ser interpretado como una advertencia dirigida más hacia adentro que hacia afuera del partido, donde se habían desenvainado ya los primeros cuchillos contra Guerra.

«Este escándalo no va a acabar con Alfonso como vicepresidente, pero desde luego le deja en mala posición dentro del Gobierno y cercena para una larga temporada la posibilidad de que sea secretario general del partido.» El comentario es de uno de los más destacados colaboradores de Guerra en Andalucía, una de las personas que mejor le conocen y le sirven en la llamada «sensibilidad mayoritaria» del PSOE. Los socialistas más responsables saben que, a partir del «caso Juan Guerra», la autoridad de Alfonso ante sus rivales políticos queda seriamente cuestionada, y que es dentro del propio PSOE donde puede sufrir un mayor resquebrajamiento. Por eso puso todo su poder y su ahínco en la sustitución de Borbolla: se trataba de demostrar que, en su más bajo momento político, le sobraban fuerzas para imponer sus criterios, incluso contra los datos de opinión pública y forzando una crisis de Gobierno. Si hubiera cedido en su propio terreno, el andaluz, todo el PSOE hubiera comprendido que se acababa la ley del miedo. Y eso le colocaría muy cerca del final.

Las encuestas efectuadas por los medios de comunicación a comienzos de la primavera de 1990 certificaban uno de los momentos más bajos en la valoración global del PSOE y el peor para el propio Alfonso Guerra, por debajo de la crisis del Mystère en 1988. Las elecciones andaluzas se perfilaron aún más como el gran reto socialista desde el referéndum de la OTAN, porque ellos mejor que nadie conocen el valor que Andalucía tiene a la hora de marcar el signo político del país. La caída de Suárez comenzó el 28 de febrero de 1980, en el famoso referéndum de iniciativa autonómica que los andaluces ganaron contra la posición del Gobierno de la UCD. Y Guerra, que activó directamente aquella ofensiva antigubernamental cambiando sobre la marcha sus posiciones iniciales sobre la autonomía, nunca ha olvidado este dato histórico y estratégico.

El «caso Juan Guerra» ha sido, por lo demás, la mayor carga de profundidad que ha estallado desde la transición en las proximidades del Partido Socialista. La idea de la honradez sustantiva del PSOE se desmoronaba un poco más con cada episodio mercantil que afloraba a la luz en la vorágine de revelaciones desatada desde el mes de enero, contribuyendo a enterrar la mortecina esperanza del «cambio» entendido como una renovación ética de los modos y conceptos del ejercicio del poder. Los síntomas de desclasamiento apuntados en muchos personajes de la cúpula del socialismo y en muchos titulares de cargos públicos saltaron a un molde popular, y hasta rodeado de pintoresquismo, en la propia persona del hermano de uno de los hombres más representativos, si no el más, de todo el partido gobernante. Por ello, por su propia cercanía, fuese *el Conseguidor* un pícaro individual o el vértice financiero de una estructura, la negativa inicial de Alfonso Guerra a reconocer las irregularidades cometidas por su «asistente» no hicieron sino volverse poco a poco en su contra.

Juan Guerra estuvo demasiado cerca del partido para que sus actividades no le salpicaran. Los encargos y consignas que recibió, ejecutó y transmitió fueron demasiado conocidos durante varios años, de modo que el surgimiento de un entramado financiero tejido por él afectó directamente al núcleo de la organización. Las primeras reacciones de Carlos Sanjuán, Txiqui Benegas y Eduardo Martín Toval fueron unidireccionalmente dirigidas a desvincularlo del PSOE, y de hecho lograron forzar su baja temporal el 18 de enero de 1990. Pero no podían expulsarlo con efecto retroactivo.

La teoría más inteligente y más sutil que los socialistas lanzaron desde el primer momento, a través de periodistas afines, conversaciones privadas y medios más o menos próximos, fue la de que Juan Guerra era un pícaro. Evidentemente, el personaje representa una de las más vivas versiones de esta figura en el mundo contemporáneo, y la idea encajaba con espléndido atractivo en el marco de una Andalucía todavía tópica, a medio camino entre el siglo XIX y el XXI, entre la Expo y el subdesarrollo, entre el desempleo agrario y la más sofisticada industria agroalimentaria, una comunidad contradictoria donde se da la peste equina y el PSOE gobierna mediante el voto sumiso de pensionistas y subsidiados, una región donde aterrizan los especuladores al amparo del negocio fácil y los más listos medran ejerciendo de exploradores y traficantes de influencias.

En ese panorama encajaba de forma providencial la figura de un pícaro listo y hábil, tosco pero populista, que hacía favores gratis a los pobres y gestiones caras a los ricos. El personaje colabora sustancialmente a ese retrato, como pudo verse en las entrevistas televisadas de abril, especialmente en la que le realizó Jesús Quintero para Canal Sur. Quintero, habitualmente pasivo y aquel día extremadamente suave, le dejó hablar, y Juan Guerra trazó un retrato bordado de sí mismo, engolfado, cínico, expresivo, espabilado, lleno de gestos y expresiones miméticas de su hermano, una especie de versión rebajada, degradada, desintelectualizada, de Alfonso. Su tipo físico, la imagen archidivulgada de la barba y las gafas oscuras, que fue prodigiosamente caricaturizada en el carnaval de Cádiz, contribuyó también en grado fundamental a la extensión del concepto de pillo industrioso y trapaz, intermediario sin glamour que levantó en pocos años una red industrial al amparo del manejo sinuoso de su apellido.

Indudablemente, Juan Guerra es un pícaro, y sus operaciones de intermediación y gestión fueron un modelo de manual de esa neopicaresca cultivada en la Andalucía contradictoria de los años ochenta. Pero hubo algo más. De manera esencial, hubo la utilización de una infraestructura física y política, consentida explícita o implícitamente, que le permitió situarse como bisagra de privilegio para cuantos quisieron apelar a sus servicios. Ciudadanos, por cierto, que no fueron a verle bajo chantaje o amenaza, sino que acudieron impelidos por la posibilidad del negocio fácil y la costumbre asimilada de engrasar los mecanismos de relaciones con la Administración para soslayar el principio de la igualdad de oportunidades.

También hubo, en cualquier caso, la complicidad pasiva de funcionarios y cargos públicos que le hicieron favores a Juan Guerra en la creencia, o en la duda, de hacérselos a su

La semana siguiente a la admisión de la querella, Juan Guerra declaraba durante cinco horas ante el fiscal Alfredo Flores. Una multitud de periodistas repitió, ampliada, la escena de empujones que había tenido lugar en la declaración de Cádiz, un mes antes, en presencia de ocho guardaespaldas de ademanes siniestros y violentos.

La tarde del 1 de febrero de 1990, en los pasillos del Congreso, tras la comparecencia explicativa (?) del vicepresidente, González amenazó públicamente con dimitir si la crisis abierta con el escándalo arrastraba la caída de Alfonso Guerra en el Gobierno.

hermano. Los fiscales tienen razón cuando afirman que en las actuaciones del *Conseguidor*, al menos en una buena parte de ellas, no hubo relevancia penal, porque cualquier ciudadano puede acudir a un cargo público a solicitarle un favor que beneficie sus intereses. Lo que tiene menos explicación es que lo obtenga.

Esta actitud generalizada la resumió con una frase espontánea, en los primeros momentos del escándalo, el alcalde de Barbate, Serafín Núñez: «No es lo mismo que te llame Juan Guerra o que te llame otra persona.» La asimilación de Juan Guerra con el poder vicario de su hermano Alfonso, con la representación del Partido Socialista o con una confusa mezcla de ambos elementos tiene la clave de todo el entramado que ha surgido al amparo del turbio caso de tráfico de influencias. No podría explicarse de otra manera la presencia de altos funcionarios como el inspector general del Juego de la Junta de Andalucía en el despacho de la plaza de España. O la facilidad con que Juan Guerra era recibido por el consejero de Obras Públicas, Jaime Montaner. «Jaime y yo somos amigos», explicó Juan en abril de 1990. Montaner, como vicepresidente del Patronato de Doñana, que preside Alfonso Guerra, ha mantenido con éste una privilegiada relación, que incluía largas conversaciones en automóvil desde la recepción en el aeropuerto. Pero ¿era necesaria para la coordinación de estas relaciones la frecuente presencia de Juan en la consejería de la que dependen, de otro lado, las modificaciones en la normativa urbanística de los municipios andaluces?

Juan Guerra era también visitante asiduo del ayuntamiento y la diputación de Sevilla. Su nombre consta repetidamente en las agendas de la secretaría particular del alcalde Manuel del Valle y del presidente de la corporación provincial, Miguel Ángel Pino. En su polémica relación con el italiano Lino Jemi, promotor de un centro terciario de servicios —policentro— en la zona sur de Sevilla, visitó a ambos políticos en sus despachos institucionales, y recibió él mismo, en la plaza de España, la visita del socio español de Jemi, Ramón Espejo. Se trataba, claramente, de relaciones privilegiadas. Según el concejal y diputado andalucista Alejandro Rojas-Marcos, Del Valle cruzó por error su agenda personal en cierta ocasión, durante un almuerzo, con la de un comensal que poseía otra idéntica exteriormente. Rojas-Marcos supo por el comensal, según contó en un almuerzo con una docena de periodistas madrileños, que el nombre y los teléfonos de Juan Guerra, incluido el particular, figuraban escritos de forma preferente en la zona de consulta frecuente de la agenda, fuera del listín telefónico.

Ninguna de estas personas, de difícil acceso normal y con una posición política suficientemente distinguida, hubiera recibido a Juan Guerra en aras de los viejos recuerdos de la protohistoria del partido. De hecho, los viejos militantes socialistas de la transición que no han pasado a la nómina del Estado se quejan con frecuencia de la dificultad que entraña para ellos ver a los compañeros que han accedido a cargos públicos y, sobre todo, obtener favores. Si Juan Guerra lograba ambas cosas con sorprendente facilidad y con una frecuencia rayana en lo sospechoso se debe a que «no es lo mismo que te llame él o que te llame otra persona». O a lo que explicó el propio Juan, con grosera franqueza, a la revista *Tiempo*: «La gente, por hacerle un favor a Alfonso, pierde el culo.» Ya se ha expuesto en este libro el amparo que la ambigüedad del sistema de poder vicario utilizado por Alfonso Guerra para intervenir en Andalucía ofrece para actuaciones individuales amparadas en el vicepresidente. No es casual que el secretario general de los socialistas andaluces, Carlos Sanjuán, dijera ante testigos, al día siguiente de la consumación de la candidatura de Manuel Chaves a la presidencia de la Junta, que era buena fecha para hacer una excepción en su alejamiento del alcohol. Con su copa y su brindis, Sanjuán no celebraba el desembarco de Chaves, sino la defenestración definitiva de su enemigo Rodríguez de la Borbolla, a la que había colaborado con ahínco de enfrentamiento personal.

Al igual que Sanjuán, y partiendo de su identificación a priori con la llamada «sensibilidad mayoritaria», algunos guerristas andaluces han actuado muchas veces guiados por diferentes móviles personales, cuya plasmación era interpretada por los demás como la traslación de los deseos del propio Alfonso Guerra, lejano en realidad no sólo a esta clase de operaciones, sino a muchas otras decisiones presentadas en su nombre. Y, aunque el riesgo de desviarse de la voluntad real del vicepresidente era una peligrosa asunción en estos casos, existen numerosas pruebas de comportamientos individuales basados en la deliberada ambigüedad de la delegación del poder interno. Aunque el acoso y final derribo de *Pepote* estuvo desde el principio entre los objetivos de Guerra, muchos de los pasos intermedios hasta la consecución del objetivo se dieron, por ejemplo, por iniciativas surgidas en Sanjuán y sus colaboradores, no siempre relacionadas con la necesidad de hacer prevalecer al partido.

Resulta necesario insistir en la existencia de esta clase de actuaciones para explicar una parte esencial de la génesis del «caso Juan Guerra», que arranca de la trasposición de esos mecanismos delegados, deliberadamente ambiguos, en beneficio económico personal del actuante. Lo que hizo Juan Guerra, en algún momento de su trayectoria de «asistente para todo», fue utilizar en su propio provecho las ventajas que apreciaba cada vez que se presentaba ante algún cargo para efectuar gestiones en nombre del partido. Supuestamente en nombre del partido, más bien, porque los nexos entre Juan y la estructura orgánica tampoco estaban suficientemente claros, gracias a otra voluntad ambigua del propio Alfonso Guerra.

Lo que probablemente nadie podrá delimitar con exactitud son las fronteras de esa representación llena de confusiones. Está dentro de lo posible que una actuación judicial o política permita inferir una o varias relaciones concretas entre Juan Guerra, algunos de sus «clientes» y el propio Partido Socialista. Pero resulta prácticamente imposible aquilatar cuánto tiempo, cuántas veces o con cuántas personas pudo actuar *el Conseguidor* como correo financiero o pivote fiduciario a favor de su organización política.

Lo único que está claro es que ya nada será igual. No sólo para el PSOE y para Alfonso Guerra, sino para todos nosotros. En las fechas de cierre de este libro, principios de mayo de 1990, la sensación generalizada en los círculos políticos y judiciales era la de que sólo el procesamiento de Juan Guerra causaría un vuelco espectacular a un asunto políticamente quemado tras la aparición del libro de registro de visitas, con sus evidencias inducidas, aunque no probadas. Pero las consecuencias del escándalo van mucho más allá que las del frío sumario 1790/90. En la historia reciente de España habrá ya un antes y un después del «caso Juan Guerra».

Entre otras cosas, el escándalo forzó una situación política prácticamente inédita hasta el momento, como es el hecho de que el presidente de un Gobierno vincule su futuro al del vicepresidente, y no a la inversa. Con su crispada declaración del 1 de febrero, Felipe González reconoció de forma implícita el mecanismo de suplantación que parece haberse operado en el seno del Partido Socialista, donde Alfonso Guerra ejerce las funciones de autoridad y liderazgo. El presidente puso de manifiesto su debilidad ante la hipótesis de mantenerse sin Guerra al frente del partido y el Gobierno, en una declaración que permitió a los comentaristas políticos desarrollar unánimemente la tesis de una situación de dependencia. No es incierto, desde luego, que en los últimos años González se ha centrado de forma casi exclusiva en el diseño de la política económica e internacional, dejando en manos del vicepresidente la gestión de la tarea gubernativa de fronteras para adentro —cuyo control ejerce Guerra a través de los índices de la comisión de subsecretarios— y, sobre todo, renunciando de manera práctica a la dirección del partido, dominado absolutamente por su teórico número dos.

El «caso Guerra» volcó sobre la mesa de González toda esta realidad, colocándole ante un fuerte compromiso. La manera en que se resolvió la minicrisis provocada por la designación de Manuel Chaves como candidato a la presidencia andaluza —vetos y contravetos de las distintas facciones del Gobierno a las personas propuestas por el presidente— evidenció también el papel adquirido por Alfonso Guerra en el escenario político del propio gabinete, y mostró una sorprendente parcela de poder hasta entonces sólo sospechada.

Pero esto no es todo. Además del encanallamiento progresivo de las relaciones políticas, envilecidas por las sospechas de corrupción y por la aparición de profundos rencores personales, tan lejanos de la amistad que floreció entre la clase política durante la primera etapa democrática, el «caso Juan Guerra» deja una formidable secuela de desconfianza. La evidencia moral de que el vicepresidente mintió en el Parlamento, el estallido calculado de denuncias de prácticas financieras corruptas como las del «caso Naseiro», la aparición de progresivos controles de actividades privadas, la utilización de medios públicos para airear la sospecha indiscriminada sobre los partidos y sus dirigentes y, sobre todo, la manifiesta e inapelable certidumbre de que el hermano de Alfonso Guerra utilizó su influencia y su nombre para enriquecerse desde un despacho oficial y pasar desde el paro a la fortuna, han hecho tal vez a la democracia española mucho más daño en pocos meses que todas las vicisitudes políticas atravesadas desde la transición y la postransición. Probablemente nadie haya perdido la virginidad política, ética o social con el escándalo, pero es posible que el último átomo del espíritu del cambio, la nueva frontera que nació en el 82, se haya disuelto en el conocimiento de las venturas, trapacerías y malandanzas de un ciudadano llamado Juan José Guerra González.

# Índice onomástico

*Las cifras en cursiva remiten a las ilustraciones*

Impreso en Talleres Gráficos
DUPLEX, S. A.
Ciudad de Asunción, 26-D
08030 Barcelona